供电企业社会责任管理工具丛书

U0657854

你用电·我用心
Your Power Our Care

社会与环境风险管理手册

国家电网有限公司　编

中国电力出版社
CHINA ELECTRIC POWER PRESS

序

习近平总书记在 2018 新年贺词中指出："2018 年，我们将迎来改革开放 40 周年。改革开放是当代中国发展进步的必由之路，是实现中国梦的必由之路。我们要以庆祝改革开放 40 周年为契机，逢山开路，遇水架桥，将改革进行到底。"改革开放 40 年来，中国企业取得了巨大的发展成就，许多企业具备了成为具有国际竞争力的世界一流企业的基础和条件。2017 年，在世界 500 强中，中国企业达到 115 家，已日益成为展示中国国家形象的新名片。与此相适应，随着我国企业影响力的不断扩大，中国企业社会责任发展也取得了巨大成就。

习近平总书记多次强调，"坚持经济效益和社会效益并重。一个企业既有经济责任、法律责任，也有社会责任、道德责任。企业做得越大，社会责任、道德责任就越大，公众对企业这方面的要求也就越高""只有富有爱心的财富才是真正有意义的财富，只有积极承担社会责任的企业才是最有竞争力和生命力的企业"。

在习近平新时代中国特色社会主义思想的引领下，在中国企业特别是中央企业的持续推动下，企业社会责任已在中国从无到有，从舶来品到真正植根于中国语境。2012 年底的中央经济工作会议明确提出要"强化大企业的社会责任"；十八届三中全会将"承担社会责任"作为深化国有企业改革的六项重点工作之一；十八届四中全会特别指出要"加强社会责任立法"；十八届五中全会提出"加强国家意识、法治意识、社会责任意识"。"十九大"做出了我国社会主要矛盾发生转化的重大判断，提出"推进诚信体系和志愿服务制度化，强化社会责任意识、规则意识、奉献意识"，我国已将企业社会责任上升为国家意志和国家战略。

自 2006 年以来的 13 年中，国家电网公司坚持理论与实践并重，率先发布我国首份企业社会责任报告，首个企业履行社会责任指南，首个企业绿色发展白皮书，首个企业价值白皮书，首套企业社会责任管理工具丛书；深度参与社会责任国际标准 ISO 26000、国家标准 GB/T 36000 和行业标准制定；率先成立能源行业首个企业公益基金会；社会责任案例进入哈佛、北大、清华等高校课堂。国家电网公司持续探索与完善社会责任工作体系，经历"导入起步（2006—2007）""试点探索（2008—2011）""全面试点（2012—2013）""根植深化（2014—2016）"四个阶段，进入"示范引领"阶段，推动全面社会责任管理根植于企业运营，推进社会责任模式创新和制度创新，在创新管理模式、综合价值实现模式和责任落实机制方面取得丰硕成果，为企业社会责任发展贡献了国家电网智慧和国家电网经验，引领了企业社会责任管理的发展方向。

供电企业作为提供公共产品与服务的基础产业，既是服务千家万户的可靠供电保障主体，也是关系国计民生的能源战略实施主体，同时还是公众高度关注的社会资源配置主体。供电企业的公共事业属性，决定了其肩负着重大的政治、经济与社会责任，必须秉承人民电业为人民的企业宗旨，坚持以客户为中心、专业专注、持续改善的核心价值观，做好电力先行官，架起党联系群众的连心桥，在服务党和国家工作大局、服务经济社会发展和人民美好生活中当排头、做表率。改革开放以来，我国供电企业一直积极履行社会责任，自觉追求社会综合价值最大化，不断推动社会责任融入企业日常经营与管理，很好地发挥了引领和示范作用。同时，作为运营受到社会广泛监督，重大决策只有得到政府许可、社会认同、公众支持才能付诸实施的公用事业企业，供电企业最有意愿将社会责任理念融入日常的运营管理，也最迫切需要一套系统、实用的导入工具。

这套社会责任管理工具丛书，就是将国家电网公司历年来在企业社会责任管理方面的经验与实践，进行"将复杂的问题简单化""将具体内容逻辑化、结构化、图示化"的梳理，把社会责任理论与具体的产业、行业、企业业务有机地结合起来，根据不同的情景，提出不同的解决方案，并提供相应的管理工具，希望使读者能够在短时间内有效地理解、掌握和运用。我们相信，这套丛书对我国供电企业，甚至是所有企业全面了解、系统掌握和熟练应用社会责任理念、方法和工具，将起到重要的指导和借鉴作用，必将对我国企业社会责任理论与实践的发展起到重要的促进作用，对中国经济社会可持续发展和企业更好履行社会责任产生重要而深远的影响。

习近平新时代中国特色社会主义思想和党的"十九大"精神赋予了新时代企业社会责任的新使命，指明了新时代企业社会责任的新方向，明确了新时代企业社会责任的新任务。40年物换星移，40年春华秋实，今天，站在新的历史方位，中国企业社会责任的理论创新、制度建设、实践方法也必须进入新境界，必须从更高起点上系统谋划，整体推进。我们有信心，通过不懈努力和不断探索，与社会各方和全球伙伴一起，携手应对世界经济、社会、环境发展中的新挑战，共同构建人类命运共同体，努力促进全球可持续发展目标的实现。

国家电网公司董事长、党组书记

2018 年 6 月

前 言

企业作为社会大系统的重要组成单元，与整个社会大系统持续保持着交互作用与相互影响。企业在与整个社会大系统的互动过程中，其各项决策和活动均可能包含风险事件，由此也就可能通过"社会放大"而造成社会影响，进而形成社会风险与环境风险。社会风险与环境风险在风险社会里普遍存在，如社会稳定风险、道德伦理风险、公共安全风险、生态破坏风险、空气污染风险等。

企业要做到对社会负责任，必须有效管理自身运营对整个社会大系统的消极影响。因此，为了规避社会风险与环境风险的出现，以及最大限度降低社会风险与环境风险发生后的破坏性，企业应对其决策和活动可能引发的社会与环境风险进行防范、管控和治理，形成社会与环境风险的科学预测，并针对可能发生的每一项社会与环境风险，制定相应的应对策略与举措。

在现有的企业全面风险管理体系框架下，企业更多关注的是影响战略目标实现的潜在风险，而忽略了企业决策和运营对外部利益相关方以及生态环境造成的风险识别、管理和控制。而对这部分风险的管理正是企业履行社会责任的重要体现。

国家电网有限公司在推行全面社会责任管理的大背景下，主动担责，创新突破，将风险防范的意识内化在公司全面社会责任管理工作过程中，通过探索社会与环境风险管理的理论方法、工作机制和典型经验，形成了具有理论创新性和实践可操作性的《社会与环境风险管理手册》，以期为有效减少公司运营中的社会矛盾、增强公司的管理能力、营造和谐的发展氛围作出有益贡献。

本手册从理论上重新定义了社会与环境风险的内涵和边界，建立了"风险识别—风险分析—风险评估—风险应对"的四步法和工具包，构建了社会与环境风险的日常管理、重大项目社会与环境风险专项管理两条并行的工作机制并开展试运行，识别出供电企业 120 个社会与环境风险点，绘制风险树与管理地图，并对十大重点风险制定详细的管理方案。

本手册尝试从社会责任角度重新定义风险、评估风险和管理风险，将企业传统管理中容易忽略却对外部社会与环境至关重要的风险因素识别出来进行管理和控制；将外部视角和利益相关方参与融入风险管理过程，站在外部立场思考企业运营的影响，引入内外部力量共同防范风险，具有创新性、推广价值和应用前景。

目录
CONTENTS

01

BASIC IDEAS
基本概念

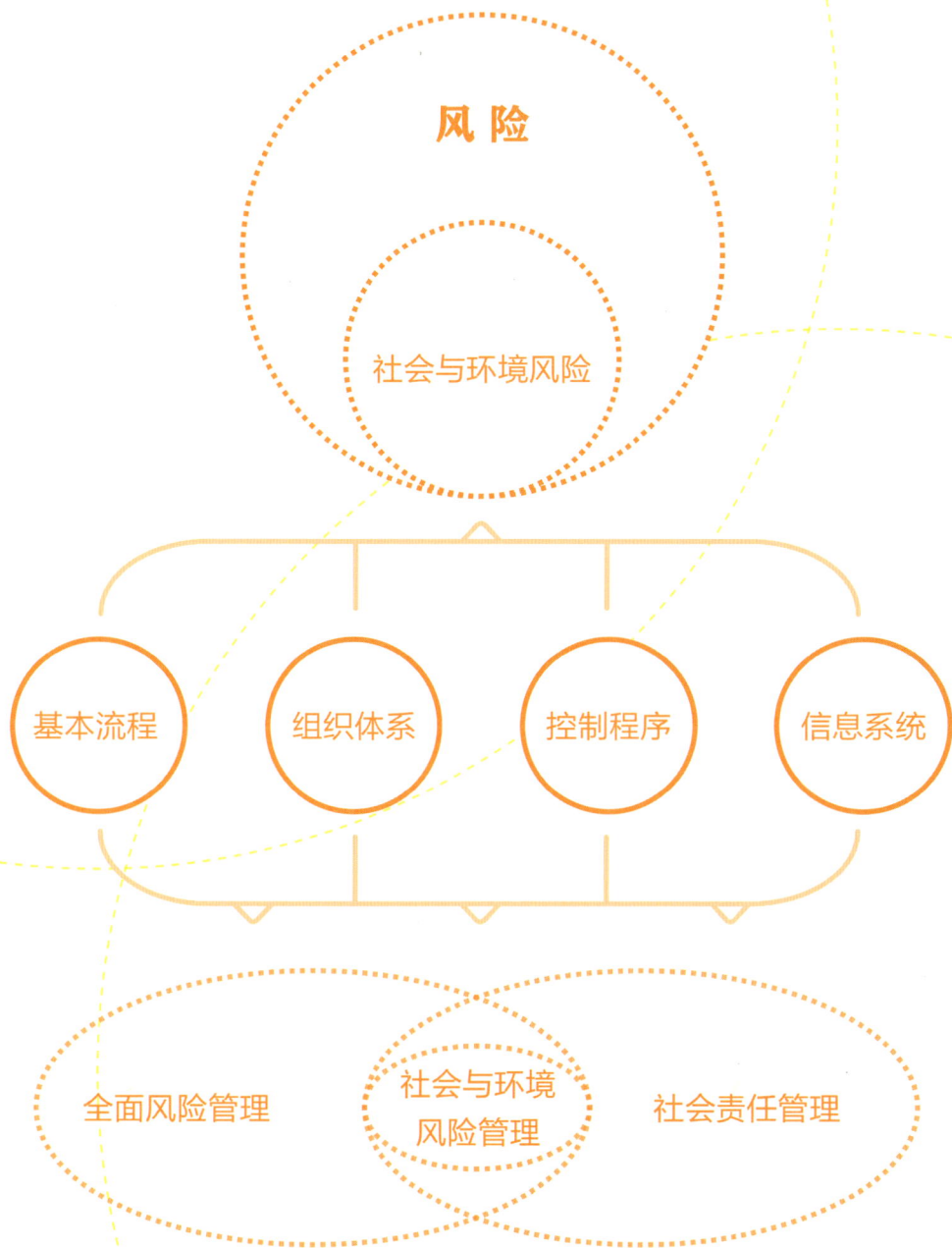

什么是风险

风险的概念

风险是一种潜在的危险状态，包括两层含义，即危险爆发的可能性与不确定性，以及危险的危害性后果。对于企业，风险是指未来的不确定性对企业实现其既定目标的影响。

"风险是发生某种影响目标完成的事件的不确定性。"

——国际内部审计师协会

"不确定性对目标的影响"，这里的影响是指与预期的偏差——积极的和（或）消极的。

——国际标准化组织

风险是"未来的不确定性对企业实现其经营目标的影响"。

——国务院国有资产监督管理委员会《中央企业全面风险管理指引》

（国资发改革〔2006〕108号）

企业风险又称经营风险，其包括正面影响和负面影响两方面，可能给企业带来风险损失，也可能带来风险收益。例如，中国企业实施海外并购、"走出去"等经营战略，可能因为市场的拓展、先进管理理念的引入给企业带来跨越式发展的机会；也可能因为劳工、环境等问题导致海外经营受困甚至将企业整体置于风险之中。

普遍性

在现代社会，个体或企业面临着各式各样的风险。随着科技的发展和生产力的提高，新的风险还会不断产生，且风险事故造成的损失也越来越大。

客观性

风险是不以企业意志为转移，独立于企业意志之外的客观存在。企业可以采取风险管理办法来降低风险发生的频率和减少风险带来的损失，而不能彻底消除风险。

不确定性

风险的不确定性主要表现在空间上、时间上和损失程度上的不确定性。

风险的特征

可变性

在一定条件下风险具有可转化的特性。变动中的事物可能会引起风险发生概率和风险发生后果的变化。

可测性

单个风险的发生虽然是偶然的，但是大量同质个体某一时期某种风险的发生又有其规律性，可以用概率加以测度。

风险的类型

按照风险的来源、性质或发生领域，企业风险一般可分为战略风险、财务风险、市场风险、运营风险、法律风险、社会风险与环境风险等；也可以能否为企业带来盈利等机会为标志，将风险分为纯粹风险（只有带来损失一种可能性）和机会风险（带来损失和盈利的可能性并存）。

风险类型	具体含义	常见风险
战略风险	• 指企业在战略的制定和实施上出现错误，或因未能随环境的改变而做出适当的调整，导致经济上的损失。	• 宏观政策及形势把握风险； • 新产品推广策略风险； • 新市场开发投入风险； • 并购风险。
财务风险	• 指融资安排、会计核算与管理以及会计或财务报告失误而对企业造成的损失。	• 资金结构与现金流风险； • 会计核算与流程的风险； • 会计及财务报告风险等。
市场风险	• 指企业的发展战略、市场战略、投资战略、品牌战略等方面的风险。	• 商品价格与物资供应风险； • 客户、供应商信用风险； • 税收风险； • 利率、汇率风险； • 竞争风险。
运营风险	• 指因市场等外界条件变化而使企业产生经济损失的风险； • 指企业流程、信息系统、人为因素或外部事件给企业造成的经济损失。	• 人为因素风险——企业员工由于缺乏诚信道德而导致的舞弊行为，或缺乏知识、能力而导致的错误和重大损失； • 流程风险——交易流程中出现错误而导致损失的风险； • 信息系统风险——因系统失灵、数据的存取和处理、系统的安全和可用性、系统的非法接入与使用而导致损失的风险； • 外部事件风险——火灾、地震、极端天气等事件。
法律风险	• 企业在经营过程中的行为活动不符合国家法律法规、企业内部规章制度以及职业道德规范，或侵害其他利益相关者的权益，发生偏离其所期望目标的法律后果的不确定性，导致企业遭受经济或声誉损失的风险。	• 国内外政治法律环境与政策； • 员工道德操守； • 重大协议与合同的遵守与履行； • 法律纠纷； • 知识产权。

什么是社会与环境风险

社会与环境风险的概念

对社会与环境风险的认识一般包含两种理解，一种理解是企业的决策或活动给社会、环境带来消极影响，这种影响反过来又对企业目标达成产生负面影响的可能性；另一种理解是企业决策与运行过程中对其所处的社会与环境带来的负面的、不确定的影响。

前一种理解是基于传统的企业风险视角，关注的依然是企业自身的利益。后一种理解则是对常规企业风险的补充和完善，关注的是企业的利益相关方和外部环境。本手册主要考虑后一种理解。

社会与环境风险的特征

除了风险所具备的客观性、普遍性、不确定性、可测性和可变性等特征之外，社会与环境风险还具有外部性、扩散性和反射性等特征。

外部性　外部性是指企业在自己的活动中对旁观者（其他利益相关方或自然环境）的福利产生的一种附带的不利影响。社会与环境风险也具有外部性的特征。这种外部性的存在造成社会脱离最有效的生产状态，使市场经济体制不能很好地实现其优化资源配置的基本功能。

扩散性　社会与环境风险会随着价值链、供应链、关系链不断地流动、扩散，将某个小风险逐步扩散、放大成更大的风险。例如，来自电网设备供应商的质量安全风险可能会使电网产生停电风险，进而影响用电客户的生产，造成产品质量受损，并进一步影响到消费者。

反射性　企业对社会和环境产生的负面影响最终会通过利益相关方的诉讼、抗议或负面舆论反馈等最终让企业自身置于风险之中。例如，电网建设项目对周边居民潜在的安全风险造成居民对该项目的抗议、阻工等。

社会与环境风险的类型

社会与环境风险根据产生的条件或原因，可分为行业属性风险、违规型风险、失误型风险、相关方引致型风险和外部不可控型风险五大类。

环境风险

环境风险是指环境受危害的不确定程度以及事故发生后给环境带来的影响。环境风险是由自然或人为的活动引发的，并通过自然生态环境的媒介作用，对人、财产、生态环境构成威胁的一种潜在危险状态，包括这种危险状态爆发的可能性与不确定性，以及危险可能导致的危害性后果两方面的内容。

社会风险

社会风险是指在实施重大工程项目时，存在对社会和群众生产与生活影响较大、持续时间较长并容易导致较大社会冲突的不确定性。社会风险产生于相关利益群体对自身利益可能受到侵害时所表现出的抗拒行为。

行业属性风险

是指行业本身固有的属性给社会或环境带来的风险，这类风险天然存在，企业只能防范不能从根本上消除。例如，供电企业运行过程存在的触电隐患，电网建设中的占地和景观破坏等风险。

违规型风险

是指企业工作人员发生违规操作，从而对利益相关方或自然环境产生不利影响。例如，客户经理在业扩报装流程中"吃卡拿要"行为带来的风险。

失误型风险

是指企业员工在本身依法合规的意愿下，因为操作失误而对利益相关方或自然环境产生不利影响。例如，带电作业中操作失误造成停电事故、电网工程建设中管理失误引发人身安全等。

相关方引致型风险

是指由于外部利益相关方的行为、意识、态度等因素导致企业不能达成经营目标，进而对社会和环境造成不利影响。例如，变电站周边居民因为对电磁辐射的担忧阻挠工程建设。

外部不可控型风险

是指因外部利益相关方或自然条件等不可控因素导致的事件对社会或环境产生的不利影响。例如，极端天气造成的大面积停电事故。

什么是社会与环境风险管理

风险管理

风险管理是指一个项目或者企业在肯定有风险的环境里把风险可能造成的不良影响减至最低的管理过程。

高层重视、项目纳入年度管理计划

收集风险管理初始信息　进行风险评估　制定风险管理策略　提出和实施风险管理解决方案　进行风险管理的监督与改进

持续培训，增强风险意识

风险管理的基本流程

全面风险管理

全面风险管理，是指围绕企业战略目标，通过在企业管理的各个环节和经营过程中执行风险管理的基本流程，识别出可能影响战略目标实现的潜在风险，将风险控制在企业可承受的范围内，为实现企业战略目标提供合理保障。全面风险管理具有全主体、全过程、全方位、全覆盖四个特征。

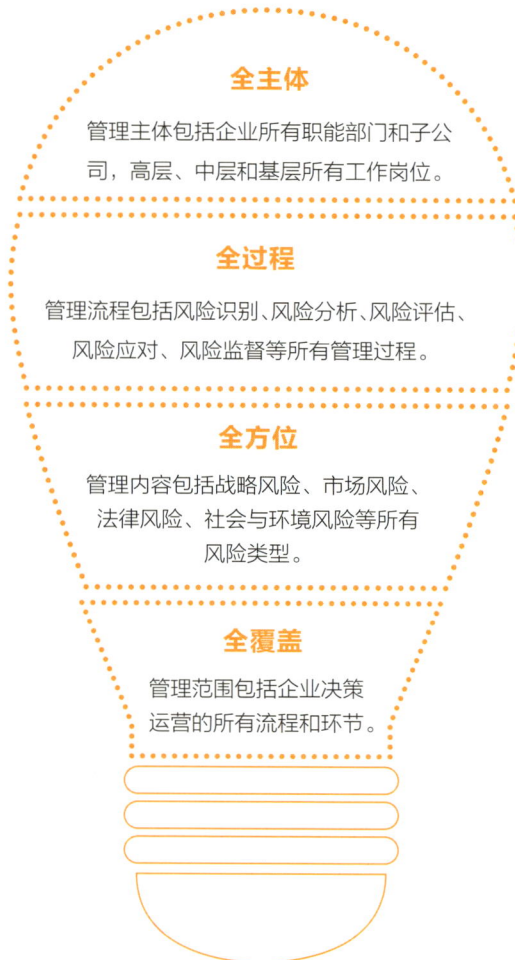

全主体

管理主体包括企业所有职能部门和子公司，高层、中层和基层所有工作岗位。

全过程

管理流程包括风险识别、风险分析、风险评估、风险应对、风险监督等所有管理过程。

全方位

管理内容包括战略风险、市场风险、法律风险、社会与环境风险等所有风险类型。

全覆盖

管理范围包括企业决策运营的所有流程和环节。

社会与环境风险管理

社会与环境风险管理是全面风险管理的子体系，是将社会与环境风险要素融入全面风险管理的基本流程、组织体系、控制程序和信息系统中，从而为实现可持续发展的总体目标提供合理保障的过程和方法。

社会与环境风险管理和全面风险管理的关系

全面风险管理相较于传统的风险管理，在管理目的、管理主体、管理内容、管理方法和管理机制上均有很大程度的提升和完善，是更为全面和深入的风险管理新模式。而社会与环境风险管理，则是对全面风险管理的补充、完善和借鉴，是一种相互促进和依存的关系。

	传统的风险管理	全面风险管理	社会与环境风险管理
管理目的	• 以最小的成本获取最大的安全保障。	• 为实现企业总体经营目标提供合理保障。	• 为实现经济、社会和环境可持续发展目标提供合理保障。
管理主体	• 通常只有会计、财务和内部审计部门参与对风险的管理。	• 企业的所有职能部门、所有岗位均参与风险管理。	• 企业各个职能部门、各个岗位以及外部利益相关方共同参与风险管理。
管理内容	• 专注于纯粹和灾害性风险方面。	• 从总体上集中考虑和管理所有风险（包括纯企业风险和风险机会）。	• 考虑企业决策和运营给社会和环境带来的那部分风险。
管理方法	• 应对方法采用事后反应式的风险管理方法，即先检查和预防经营风险，然后采取应对措施。	• 在经营风险的源头就预防风险发生，并持续不断地采取监督性控制。	• 社会与环境风险管理的流程、方法有效融入全面风险管理的工作体系中，在控制程序中加入对社会和环境风险的控制。
管理机制	• 各个职能部门独立行事。	• 跨部门、跨流程进行控制，并在高层的监督下相互配合。	• 跨部门、跨流程协作，内外部利益相关方密切合作。

社会与环境风险管理和社会责任管理的关系

企业社会责任管理是指确保企业履行相应社会责任，实现良性发展的相关制度安排与组织建设。企业社会责任管理包括社会责任组织管理、社会责任制度管理、社会责任绩效管理、社会责任能力建设、社会与环境风险管理、社会责任议题管理、社会责任项目管理、社会责任沟通管理、利益相关方管理等几大模块。

社会责任沟通管理

社会与环境
风险管理

社会责任
议题管理

社会责任
项目管理

利益相关方管理

社会责任 组织管理	社会责任 制度管理	社会责任 绩效管理	社会责任 能力建设

企业社会责任管理

社会与环境风险管理是社会责任管理的子模块。它要求企业在生产经营活动中，在企业决策、制度流程、业务运营、日常管理、运行机制和企业文化中贯彻落实社会责任管理理念，严格评估所处社会和环境可能产生的风险，回应利益相关方的发展诉求，从而推进社会责任管理工作的开展。

社会责任管理能更好地促进社会与环境风险管理。社会与环境风险管理需要对企业战略、业务、财务、人力资源等各方面工作进行优化，有效提升与利益相关方的协作关系。社会责任管理中的其他模块，如组织管理、制度管理、沟通管理、利益相关方管理等，又为社会与环境风险管理奠定了良好的工作机制与氛围。

供电企业为什么要开展社会与环境风险管理

对全面风险管理的完善

供电企业的生产经营活动具有一定的公共事业服务性质，与居民利益密切相关，如电费的收交、电网建设项目的推进等。电网建设项目相较于常规建设项目还具有投资大、电力设备多且复杂、专业性强、环境影响大等特点，在项目管理和推进过程中会涉及诸多因素。因此，供电企业不仅要考虑经济效益，更要关注对环境和社会的发展影响。其开展社会与环境风险管理并采取相应的控制措施，可以说是对全面风险管理的一种完善。

推动社会责任管理工作有效落地

开展社会与环境风险管理，要求供电企业在生产经营活动中，对项目的政策规划与审批、征地拆迁与补偿，项目的环境影响、经济卫生影响，项目的管理方法及所涉及的安全措施等方面进行分析，建立全面、动态、全过程的风险识别体系，并采取有效的风险防范措施、制定相应的应急预案。这些工作将对供电企业社会责任管理工作具有积极意义，能更好发挥企业经营活动的经济效益和社会效益。

企业可持续发展的必要手段

供电企业在生产经营过程中所面临的外部环境，随着社会的发展和项目的规模扩大而变得越来越复杂，不仅威胁供电企业项目的顺利发展，同时对社会经济发展、区域稳定也带来一定的影响。因此，认识到外部社会与环境风险管理的重要性，积极引入先进的管理办法和理念，与政府、社会组织、社区居民、施工企业等主要利益相关群体共同进行风险管理，以此保证供电项目建设的质量和工期，提升电网供电的可靠性和安全性，将促进企业及企业所在社区的共同可持续发展。

对企业品牌声誉的有效维护

良好的品牌声誉是企业多年发展积累的重要资源，是企业的生存之本，也是维护良好的利益相关方关系的基础保障。品牌声誉的维护和提升，对增强企业竞争优势，实现长期战略目标起着不可忽视的作用。随着时代的发展，个体对与自身利益相关的问题关注度不断提升，社会与环境问题极易引发负面评价的风险。一旦相关风险发生，即便企业花费大量的时间和精力用于事后的危机管理，也难以弥补其对企业品牌声誉造成的实质性损害。因此，加强社会与环境风险管理，防患于未然，是对企业品牌声誉进行有效维护不可或缺的工作。

02 MANAGEMENT METHODS
管理方法

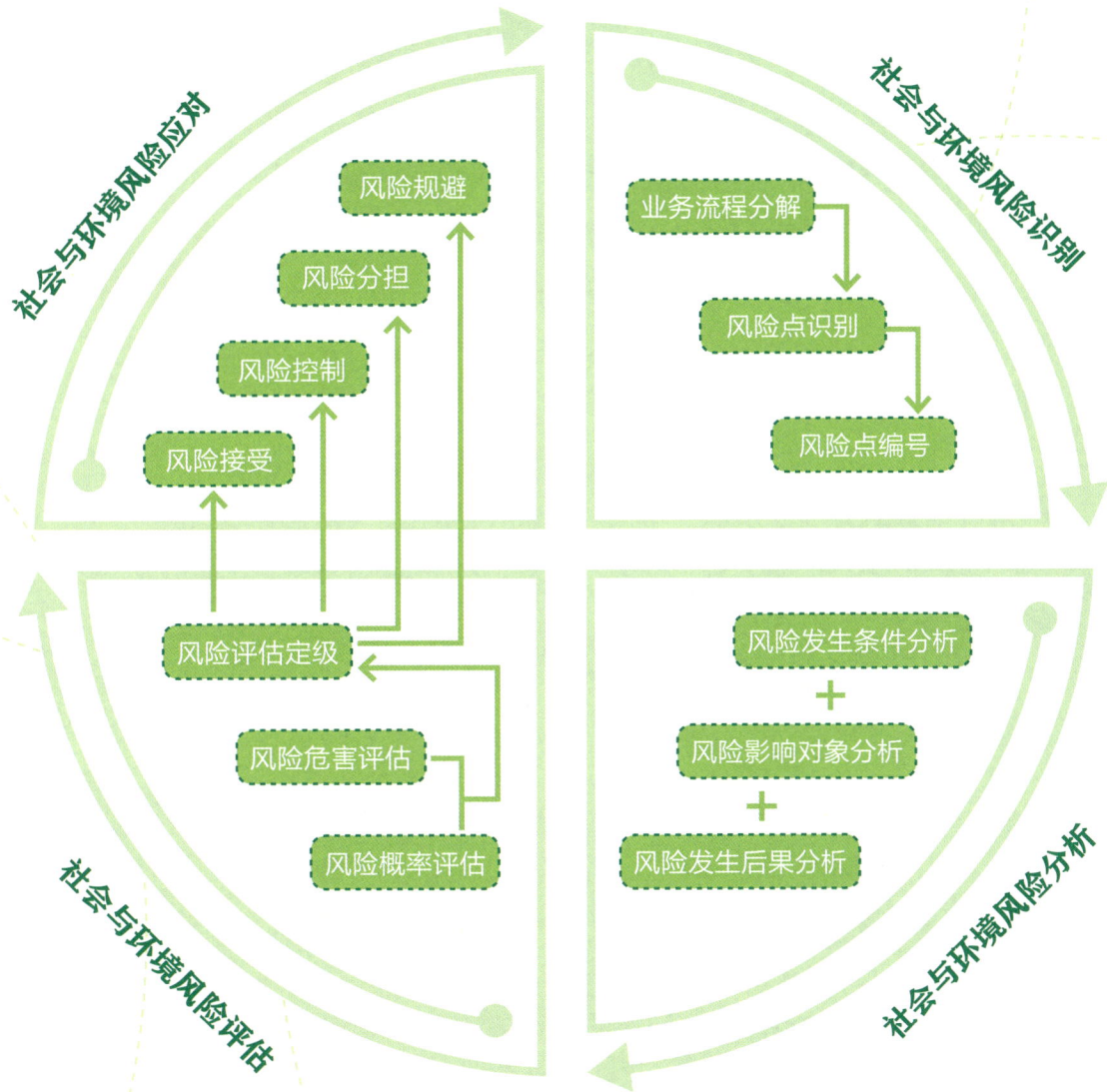

社会与环境风险应对

社会与环境风险识别

社会与环境风险评估

社会与环境风险分析

风险规避

风险分担

风险控制

风险接受

风险评估定级

风险危害评估

风险概率评估

业务流程分解

风险点识别

风险点编号

风险发生条件分析

＋

风险影响对象分析

＋

风险发生后果分析

社会与环境风险识别

风险识别是风险评价的基础，指在风险发生之前，运用各种方法合理地分析面临的各种风险和潜在原因，是管理者识别风险来源、确定风险发生条件、描述风险特征并评价风险影响的过程。社会与环境风险识别一般分为业务流程分解和风险点识别两个环节。

业务流程分解

风险可能在企业运营的任何一个业务流程中产生，要识别企业运营可能给社会或环境带来的风险，首先要了解企业运营中有哪些具体的业务，尤其是与外部利益相关方有密切关联的业务。业务流程分解的思路主要是对部门工作内容进行逐级剖解与整理。

业务流程分解思路

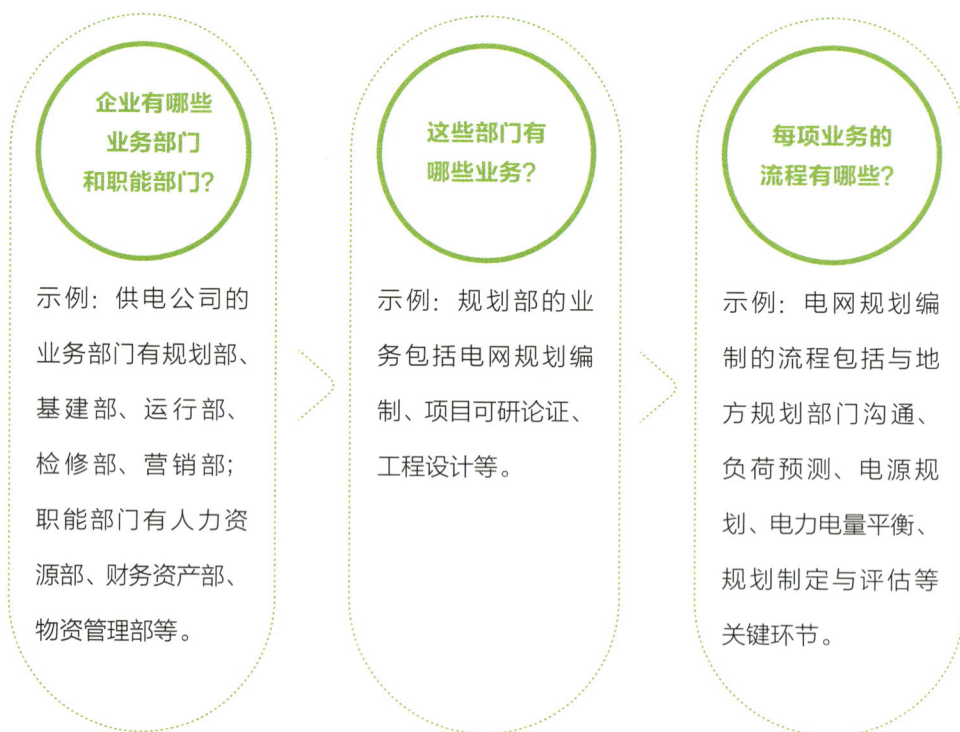

企业有哪些业务部门和职能部门？

示例：供电公司的业务部门有规划部、基建部、运行部、检修部、营销部；职能部门有人力资源部、财务资产部、物资管理部等。

这些部门有哪些业务？

示例：规划部的业务包括电网规划编制、项目可研论证、工程设计等。

每项业务的流程有哪些？

示例：电网规划编制的流程包括与地方规划部门沟通、负荷预测、电源规划、电力电量平衡、规划制定与评估等关键环节。

风险点识别

实现对风险点的识别是本阶段的最终目标。风险点是风险产生的源头，它包括可能产生风险的设施、部位、场所和区域，以及在设施、部位、场所和区域上可能引发风险的作业活动，也就是在什么环节因为什么样的活动而造成风险。

在对风险点进行识别时，需要依据社会与环境风险的五种类型（P8）对每个业务环节的作业活动的风险进行识别。

风险点识别思考逻辑

该环节是否有与行业属性相关的特定风险？

示例：供电服务中涉及的用户安全用电风险。

该环节是否会有不合规行为引发的风险？

示例：供电服务中，业扩报装环节发生电力员工"吃卡拿要"廉政风险；处理违章用电、窃电时工作人员因流程不合规引发风险。

该环节是否会有管理、技术或操作上的失误或失职引发的风险？

示例：供电服务中电能替代业务环节发生因经济技术可行性分析不到位给用电客户带来损失的风险；电网规划中环评、稳评等可研论证工作不到位带来后续工作中与社会的摩擦。

该环节是否会有利益相关方导致的风险？

示例：地方政府规划发生调整给已有电网规划及建设带来阻碍，进而引发供电公司与社会的摩擦；供应商发生重大社会责任危机，给电网运营安全和品牌声誉带来负面影响等。

该环节是否会有不可控制的外力因素引发的风险？

示例：极端天气引发的大面积停电风险等。

风险点识别的方法包括历史事件挖掘、经验式分析、专家头脑风暴和利益相关方调查等。企业可同时组合运用这四种方法，确保能最大程度穷尽对社会与环境风险点的挖掘。

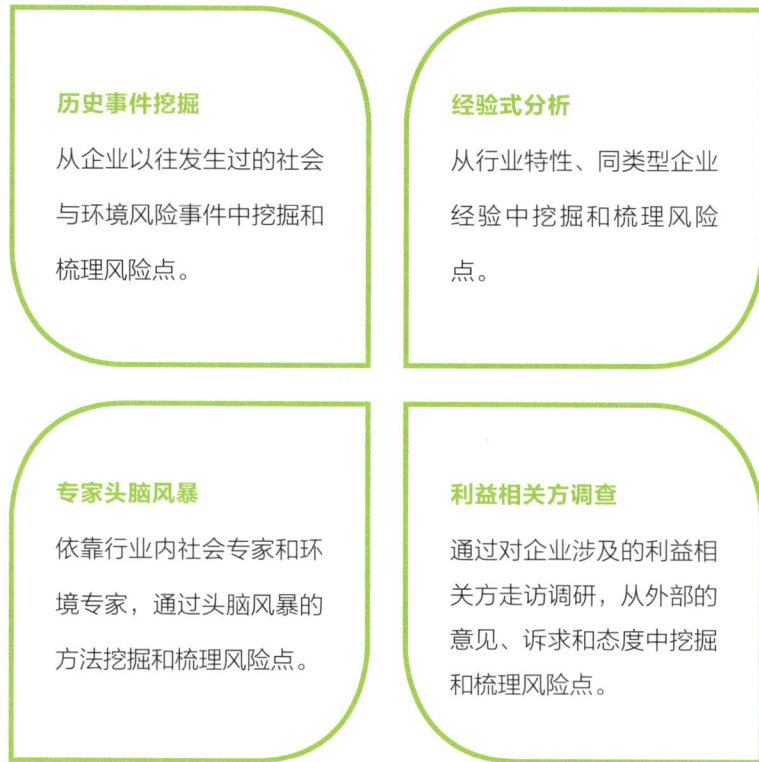

历史事件挖掘

从企业以往发生过的社会与环境风险事件中挖掘和梳理风险点。

经验式分析

从行业特性、同类型企业经验中挖掘和梳理风险点。

专家头脑风暴

依靠行业内社会专家和环境专家，通过头脑风暴的方法挖掘和梳理风险点。

利益相关方调查

通过对企业涉及的利益相关方走访调研，从外部的意见、诉求和态度中挖掘和梳理风险点。

风险点描述

识别出风险点后，用简短的文字进行描述，可以掌握风险点的具体内涵。风险点描述是对风险点更为详尽的解释，主要回答产生风险的具体行为是什么。

"环评中的公众参与不合规"风险点描述示例

电网工程的环评公众参与工作流于形式，并没有真正调查当地居民的意愿或对当地居民的真实意愿进行了很大程度的歪曲修改以获取工程审批通过。

风险点编号

在识别出企业的社会与环境风险点之后，为便于后续管理与展示，有必要对风险点进行规范的编号。以供电企业为例，风险点编号中包含风险责任部门、风险类型、风险序号、风险子序号四个方面信息。

风险责任部门是指该风险产生和需要重点防控的责任部门，以部门的拼音首字母作为标识，如规划—GH、建设—JS。

风险类型是指风险的分类，依据全面风险管理，包括战略风险、财务风险、市场风险、运营风险、法律风险、社会与环境风险等类型。本手册关注的社会与环境风险用 SE 表示。

风险序号是该部门下识别的社会与环境风险的排序。个别风险下面还可以细分为更细的风险点，则添加子序号。

供电企业电网规划环节的社会与环境风险点及其编号示例

业务流程分解	风险点	风险点编号
规划编制	• 电网规划与国家产业政策或专项规划不符	• GH-SE-01
	• 电网规划与地方政府规划衔接不当	• GH-SE-02
	• 负荷预测与实际存在较大偏差	• GH-SE-03
	• 电网规划不能适应未来清洁能源或微电网接入	• GH-SE-04
可研论证	• 工程选址和布线与周围敏感目标的距离不符合要求	• GH-SE-05
	• 项目建设用地不符合因地制宜、节约用地的总体要求	• GH-SE-06
	• 未充分论证和预防电网对周边环境产生的影响	• GH-SE-07
	• ——未充分论证和预防电网对周边电磁环境的影响	• GH-SE-07-01
	• ——未充分论证和预防电网对周边声环境的影响	• GH-SE-07-02
	• ——未充分论证和预防电网对自然景观的影响	• GH-SE-07-03
	• ——未充分论证和预防电网对水土保持的影响	• GH-SE-07-04
	• 环评中的公众参与工作不合规	• GH-SE-08
工程设计	• 电网设计建设标准低于抗自然风险能力	• GH-SE-09
	• 设备选型不合理、不可靠	• GH-SE-10
	• 线路在合规条件下的跨房设计	• GH-SE-11

社会与环境风险分析

对识别出的社会与环境风险点进行分析，是后续开展评估、定级以及实施有针对性的管理策略的前提和基础。

> **社会与环境风险分析主要包含三个方面：**
>
> **风险在什么条件下会发生？**
>
> **风险一旦发生会影响到谁？**
>
> **风险发生可能带来的后果是什么？**

风险发生条件分析

风险发生的条件包括内部条件和外部条件两个方面。内部条件分析企业管理水平、技术设备能力、员工合规等方面存在的可能引发风险的因素或机制；外部条件分析企业运营涉及的利益相关方以及外部自然环境等可能引发风险的因素或机制，包括利益相关方的管理、技术以及合规情况、利益相关方诉求意愿、自然环境条件等。

在进行风险发生条件分析时，除分析风险在什么情况下会发生的静态条件外，还需要分析本企业、本部门当前的内外部环境状况等动态条件。两者结合进行分析更有助于判断风险发生概率以及后续制定风险应对措施。

"迎峰度夏期间运行不当造成缺电"风险点分析示例

分析维度	分析示例
内部条件	• 运行方式安排不合理可能造成缺电风险
	• 局部电网网架制约，可能导致局部送出断面受限引发缺电风险
外部条件	• 电力设备故障可能导致停电或供电紧张的风险
	• 如果夏季高温天气数量较多、用电负荷大，会从客观上增大供电公司迎峰度夏工作的难度，从而引发风险

风险影响对象分析

风险影响对象是指风险一旦发生可能给其生产生活造成负面影响的那部分群体。风险影响对象包括直接影响对象和间接影响对象。分析风险影响对象有助于评估风险后果的严重程度并制定有针对性的风险管理策略。

分析风险影响对象需要思考的问题

风险影响的地理范围有多大？

哪些群体会因为该风险直接受到损失？

哪些群体会因为该风险间接受到影响？

这些受影响群体的数量有多少？

他们对风险的承受能力如何？

"大面积停电风险"的影响对象分析示例

如果某市存在大面积停电风险，首先需要确认停电的范围（包括哪些乡镇、街区或村社）列出具体的地理清单。其次，找出这些地理范围内的用电客户，包括企业客户、居民客户，学校和医院等事业单位客户等，这些为直接的影响对象，列出具体的数量。其中，企业客户因为停电造成生产停工，会间接影响下游的生产商或消费者；医院、学校等停电会影响到病人或学生，这些均为间接的影响对象，预估并列出影响对象的数量。最后，对不同的影响对象分析其承受风险的能力，对于一般居民，停电带来的只是短暂的生活不便；对于企业，则可能是很大的经济损失，对于医院，则是健康甚至生命的代价。

风险发生后果分析

风险发生后果是指风险一旦发生给受影响群体带来的具体损失以及连带引发的社会效应。风险发生后果的大小可以从风险带来损失的性质和损失的时间分布两个方面来衡量。根据风险发生后果的分析框架对每一个风险点可能产生的后果做尽可能全面的分析评估，对于判断风险等级和制定风险管理策略都具有直接的参考价值。

风险发生后果的分析框架

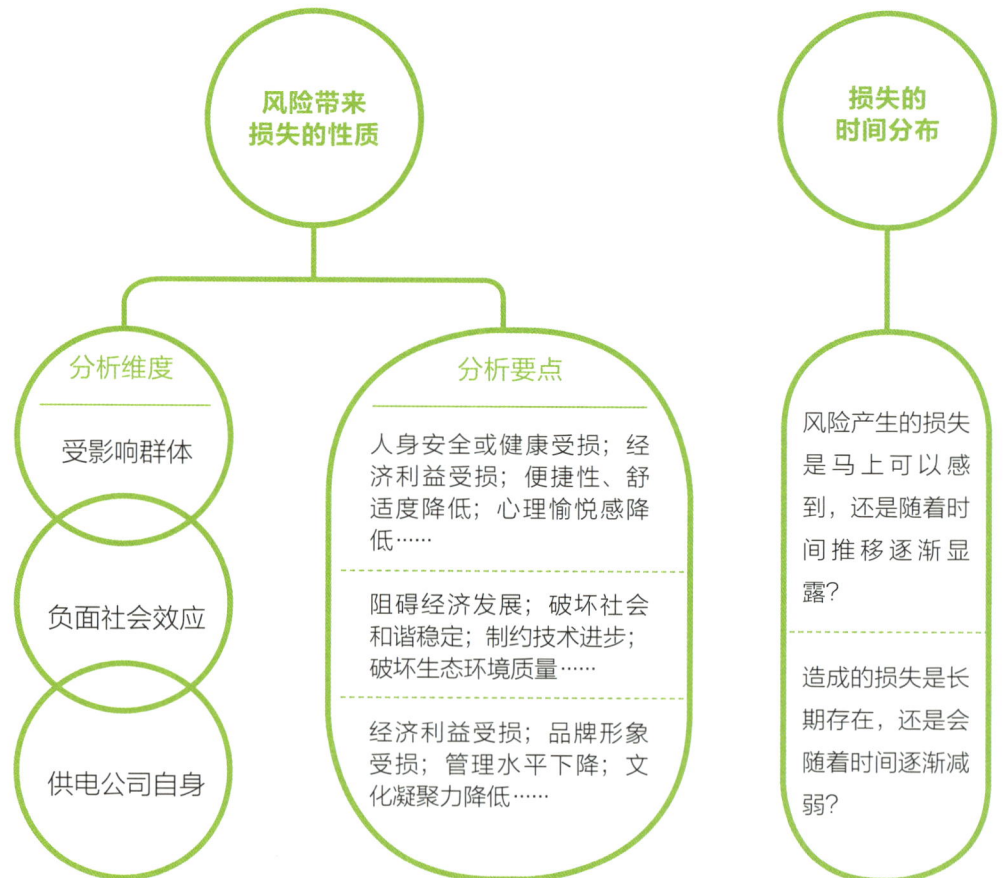

风险带来损失的性质		损失的时间分布
分析维度	**分析要点**	
受影响群体	人身安全或健康受损；经济利益受损；便捷性、舒适度降低；心理愉悦感降低……	风险产生的损失是马上可以感到，还是随着时间推移逐渐显露？
负面社会效应	阻碍经济发展；破坏社会和谐稳定；制约技术进步；破坏生态环境质量……	造成的损失是长期存在，还是会随着时间逐渐减弱？
供电公司自身	经济利益受损；品牌形象受损；管理水平下降；文化凝聚力降低……	

社会与环境风险评估

风险评估又称风险测定、风险衡量或风险估算。风险评估是在有效辨识风险的基础上，根据风险的特点，对已确认的风险，通过定性分析法和定量分析法对风险发生的可能性与破坏程度的大小进行测量，并对风险按潜在危险性进行排序。风险评估包括三个步骤：一是对风险发生概率的评估；二是对风险产生危害的评估；三是对上述评估结果通过风险坐标图的绘制给风险进行定级。

风险概率评估

风险概率指风险发生的可能性或几率。风险概率可以用 0~10 来表示。越接近 10，表示风险发生概率越高；越接近于 0，表示风险发生概率越低。

风险概率评估方法

风险概率评估方法有客观概率评估法、条件分析评估法和专家经验评估法三种。三种方法在客观程度和可操作性上各有利弊，现实工作中通常是三种方法同时使用。

风险概率评估方法一览表

评估方法	定义	优缺点
客观概率评估法	• 根据历史统计数据或大量实验结果进行推定。	• 最为客观科学的评估方法，但需要足够的历史数据，且仅用于重复事件的评估。
条件分析评估法	• 根据对风险发生条件和企业当前现状的调查、分析进行推定。	• 较为客观科学，需要掌握条件本身足够的信息。
专家经验评估法	• 基于专家个人经验、预感或直觉而估算出来的概率。	• 是一种主观的个人判断，在缺乏大量历史数据和分析信息的情况下，专家评估是最易操作的方法。

风险概率评估步骤

为了尽可能保持客观性和可操作性，风险概率评估步骤建议在客观概率评估法、条件分析评估法和专家经验评估法三种方法融合的基础上开展风险概率评估步骤。

单个风险

历史数据
调查

风险发生
条件分析

专家判断
打分

风险发生
概率

历史数据调查

对风险点的历史发生情况进行统计，追溯过去 5 年、10 年甚至更长时间的统计数据，根据其发展趋势，对风险发生概率进行推演。

风险发生条件分析

对风险点本身发生的条件以及企业的现实状况进行分析（参见本书 20 页风险发生条件分析）。这对于单纯依靠历史数据而言，增加了更丰富、动态的信息，有助于给出更加科学的判断。

专家判断打分

组建风险评估专家组，将获得的历史数据和风险发生条件的分析资料一并呈现给各位专家，由专家根据客观资料和主观经验，并结合风险评估标准（本书 23 页风险概率评估）对风险概率进行打分。

风险危害评估

风险危害评估是在对风险影响对象和风险发生后果分析的基础上，依据评估标准将风险的危害程度进行量化，以确定风险的不同等级风险（一旦发生其危害是严重、较严重，还是较轻等）。

风险危害评估方法

风险危害的评估方法有现实参照法、预估分析法和专家经验评估法三种。三种方法在客观程度和可操作性上各有利弊，现实工作中通常是三种方法同时使用。

风险危害评估方法一览表

评估方法	定义	优缺点
现实参照法	• 根据以往发生过的风险实际产生的危害数据进行推定。	• 最为客观科学的评估方法，但需要足够的历史数据，且仅用于重复事件的评估，对于变化的事件和新识别的风险点不具备参考意义。
预估分析法	• 根据对风险影响对象和风险发生后果的分析进行推定。	• 较为客观科学，需要评估人员对分析的风险本身掌握足够的信息，并具有一定的评估经验。
专家经验评估法	• 基于专家个人经验、预感或直觉而估算出来的概率。	• 是一种主观的个人判断，在缺乏大量历史数据和分析信息的情况下，专家评估是最易操作的方法。

风险危害评估步骤

为了尽可能保持客观性和可操作性，风险危害评估步骤建议在现实参照法、预估分析法和专家评估法三种方法融合的基础上开展。

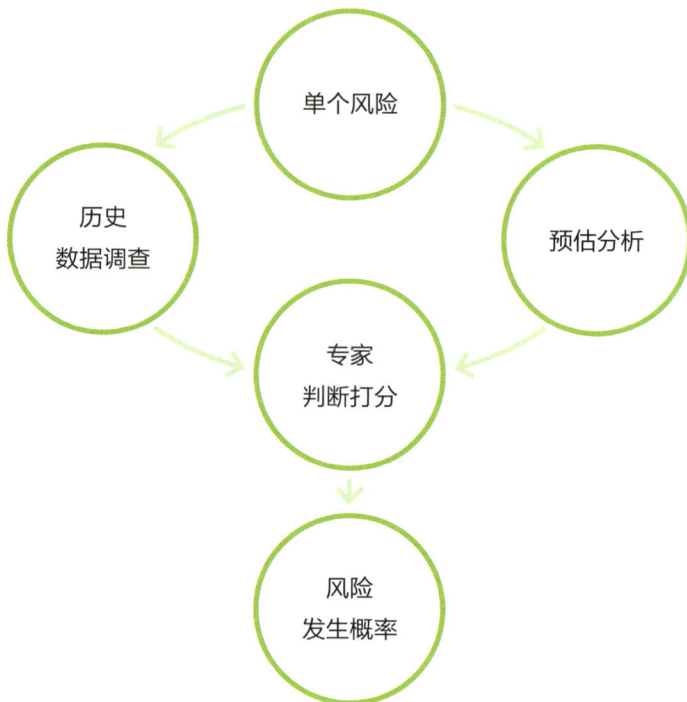

单个风险

历史
数据调查

预估分析

专家
判断打分

风险
发生概率

历史数据调查

对以往发生过的类似风险点所造成的危害、影响范围等数据进行调查、统计，从客观经验中评估风险可能带来的危害。

预估分析

对当前管理的风险点可能造成的危害进行预估分析（参见本书 21 页风险影响对象分析和 22 页风险发生后果分析），为风险危害评估提供更为全面和理性的论据。

专家判断打分

将获得的历史数据和风险危害的预估分析资料一并呈现给专家组，由专家根据客观资料、主观经验并结合风险发生后果评估标准对风险的危害等级进行评估打分。

风险评估定级

在经过风险概率和风险危害两个维度的评估之后，需要综合两项指标的结果对风险做等级评估，从而确定风险属于重大风险、高风险、中风险还是低风险。

风险评估定级一般采用风险坐标图的方法。风险坐标图是把风险发展可能性、风险发生后造成损失的严重程度，作为两个维度绘制在同一个平面上，即绘制成直角坐标系。绘制风险坐标图的目的在于对多项风险进行直观的比较，在风险坐标图主要由"高严重性、高可能性""高严重性、中可能性""中严重性、高可能性""高严重性、低可能性""低严重性，高可能性""中严重性、中可能性""中严重性、低可能性""低严重性、中可能性"和"低严重性、低可能性"九个区域组成。针对不同区域的风险，管理者可采用相应的风险应对手段，对风险进行管控及预防。

风险发生后造成损失的严重程度

	低	中	高
高	中风险 低严重性、高可能性	高风险 中严重性、高可能性	重大风险 高严重性、高可能性
中	中风险 低严重性、中可能性	中风险 中严重性、中可能性	高风险 高严重性、中可能性
低	低风险 低严重性、低可能性	中风险 中严重性、低可能性	中风险 高严重性、低可能性

风险发展可能性

社会与环境风险应对

风险应对是风险管理过程的最后一个步骤，在对风险识别、评价并排序后总结出主要的风险因素，并在此基础上制定有针对性的应对措施。根据风险等级、风险发生条件与管理侧重点不同，社会与环境风险的应对策略包括风险接受、风险控制、风险分担和风险规避四种。

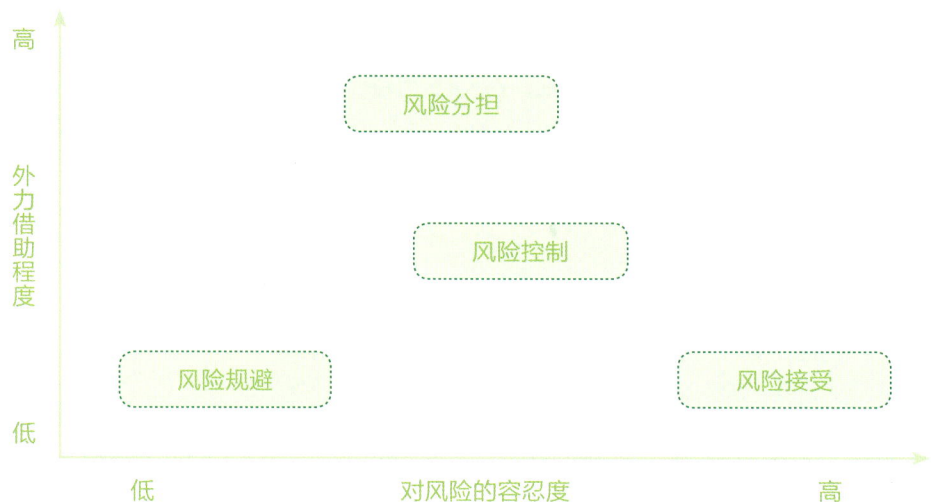

风险接受

风险接受是指对于能够承担的风险采取接受的态度，维持现有的风险水平。

适用情况：

风险接受一般适用于三种情况，一是发生概率低、危害程度低的低风险；二是控制风险付出的成本比风险造成的损失更大；三是风险发生条件属于自然环境等外界不可控因素。

主要做法：

风险接受并非不作为，而是在对风险发生的后果有充分的评估之后，采取的一种被动防御策略。风险接受的主要做法包括制定风险应急预案或设立风险基金，风险一旦发生则迅速启动应急预案或风险基金以补偿风险带来的损失。

风险控制

风险控制是指企业利用多种有形和无形的手段，降低风险发生的概率或控制风险造成的损失，使风险处于可控可接受的范围内。

适用情况：

风险控制一般适用于三种情况：一是发生概率较高、危害程度较大的中风险、高风险或重大风险；二是风险发生条件一般在企业内部，且属于可控类因素；三是在风险难以规避的情况下作为次优项选择。

主要做法：

风险控制的主要做法是对各类可能造成风险发生的因素、条件、机制进行适当的调整或者规范化管理与监督，包括有形手段和无形手段两大类。

有形手段

- 提前预防风险因素的出现。例如，在高处作业中提前设置防护网、安全防护带等，防止发生高空坠落物伤人事故。
- 减少已存在的风险因素。例如，随着建设项目的进行，发现施工现场的用电设备逐渐增多，则需要检查和确定是否需要更换大容量变压器，从减少损毁风险。
- 将风险因素同人员、财产、物料等隔离。

无形手段

- 教育法。对相关人员进行法律法规、章程标准、操作守则、安全管理知识和技能、安全意识等方面的培训，使得人员充分认识到项目风险的危害性，掌握控制风险的方法。
- 程序法。从制度化和流程化的角度出发，改进企业内部组织结构，优化流程设计，降低风险发生的可能性，提高风险应变能力，以达到控制风险的目的。

风险分担

风险分担是指通过一定的财务、技术或合作手段将风险转移给资金雄厚的风险担保机构，或充分整合内外部资源，与其他风险责任主体共同承担风险的一种共担策略。

适用情况：

风险分担适用于以下两种情况：一种是发生概率较低但危害程度较高的高风险和重大风险类型，且风险难以规避、难以控制同时也难以承受的情况；另一种是风险的发生条件主要来自外部利益相关方等可控因素。

主要做法：

风险分担包括风险转移和风险共担两种做法。风险转移是有意识地将损失或与损失有关的财务后果转嫁给风险担保机构。风险共担则是与其他风险责任主体建立联盟共同抵御风险的发生或承担风险的后果。

风险转移

- 保险：在明确的风险战略的指导下，与资金雄厚的独立机构签订保险合同。
- 补偿风险：与实力较强的风险承担机构签订风险分担合同，在风险事故发生后可以得到一部分补偿，从而降低企业风险。

风险共担

通过签订合同的方式将项目风险转移给他人，主要包含所有权出售、保证担保、工程分包等方式。

- 所有权出售：将项目所有权出售给他人，则项目风险也随之转移过去。
- 保证担保：在招标人与投标人之间增加担保公司或银行的角色，当出现如投标人不能按合同履行义务或招标人拖欠款项等事件时，由担保公司或银行负责。
- 工程分包：对于项目中某些特殊子项目，自身承担该项目可能有较大的风险，而将其以分包的方式转给第三方完成。

风险规避

风险规避是指在事件发生之前预知风险，通过放弃、拒绝合作或停止业务等活动来设法避开风险源，这是从根源上消除潜在风险的一种方式。

适用情况

风险规避适用于以下三种情况：

- 一是风险发生概率较高且危害程度很大，一般为高风险或重大风险类型；
- 二是能够找到规避风险的替代方案；
- 三是在综合权衡利弊的基础上，认为风险发生带来的损失要大过规避风险的损失。

主要做法

常用的规避风险的办法有：

- 改变企业政策，停止高风险的市场行为及其活动，防止企业重大资产和财务损失。
- 通过重新分配企业资源或者调整企业战略的方式对高风险的活动目标重新设置，停止某些特殊活动。
- 在扩大企业经营规模时，尽量避免因追逐其他非战略目标而增加损失风险。
- 加强投资项目的方案审查工作，减少低回报、高风险的投资项目。
- 借助出售部分商品或撤出现有市场的方式规避主要风险。

03 MANAGEMENT MECHANISM
管理机制

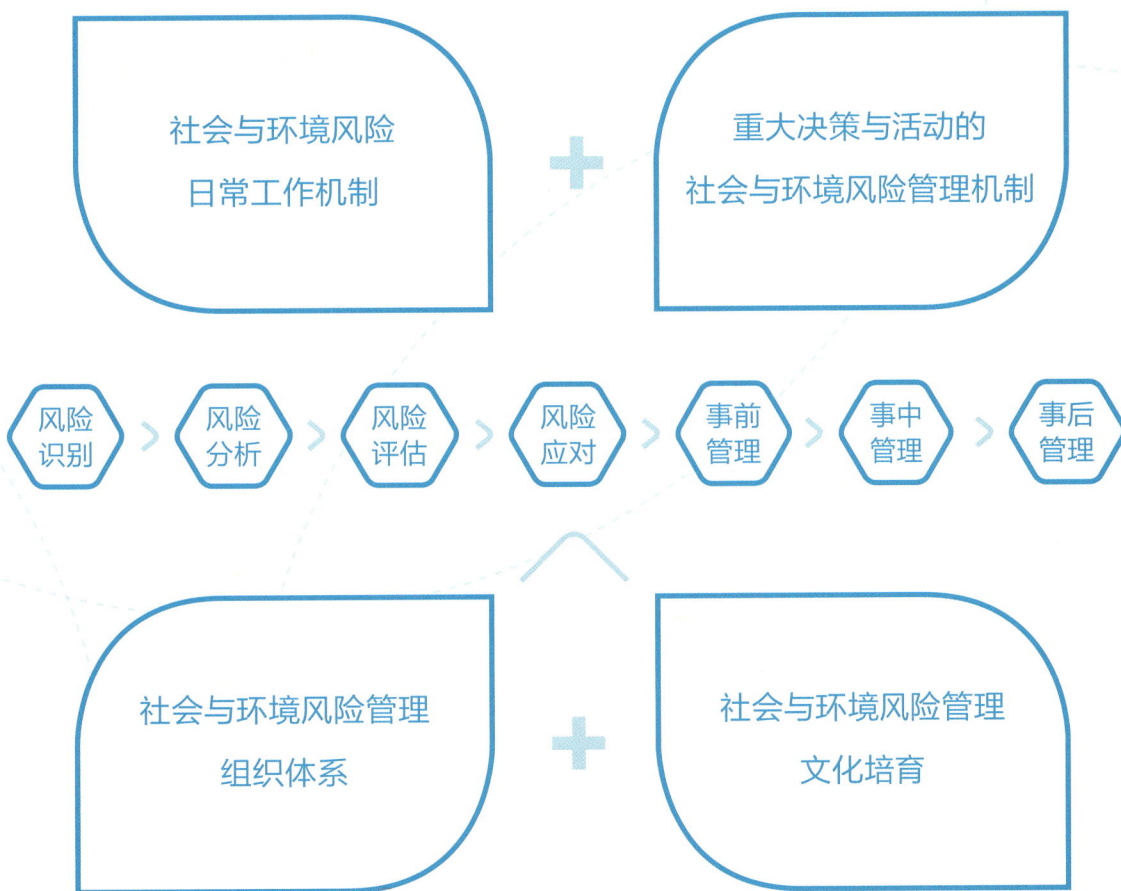

社会与环境风险管理组织体系

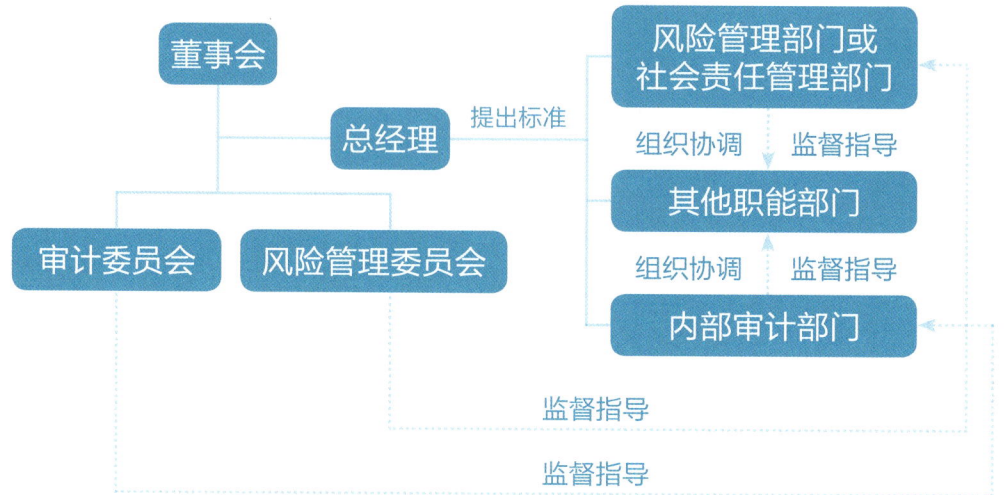

社会与环境风险管理领导机构及其工作职责

董事会：负责对企业和业务经营活动进行指挥与管理，听取并审议有关社会与环境风险相关议案，并就相关内容对企业股东会或股东大会负责并报告工作。

总经理：向董事会负责，全面组织实施董事会的有关社会与环境风险的决议和规定，全面完成董事会下达的指标，并就实施情况向董事会汇报。

风险管理委员会：是对风险进行管理的专业机构，对社会与环境风险相关决策进行研究并提出建议。

社会与环境风险管理部门及其工作职责

社会与环境风险管理部门由企业社会责任管理部门或风险管理部门兼任，主要负责统筹安排、过程监督、绩效评估。

统筹安排：统筹全年度企业社会与环境风险管理的工作计划，部署各部门、各子公司的工作任务。

过程监督：监督各部门、子公司在社会与环境风险管理中的具体工作，制定工作进度并予以督促。

绩效评估：每年末对各部门和子公司开展社会与环境风险管理的成果进行评估与考核。

各业务部门社会与环境风险管理职责

其他职能部门在社会与环境风险管理工作中，应接受社会与环境风险管理牵头部门和内部审计部门的组织、协调、指导和监督等工作，并执行社会与环境风险相关制度，研究提出本职能部门的重大决策社会与环境风险评估报告等工作。

	董事会	风险管理委员会	审计委员会	总经理	风险管理部门或社会责任管理部门	内部审计部门	其他职能部门
工作报告	审议工作报告	在董事会的领导与指导下，审议并提交社会与环境风险管理各项方案、报告	确保充分且有效的内部控制	主持社会与环境风险管理日常工作，组织拟订社会与环境风险管理组织机构设置及职责方案	提出社会与环境风险管理工作报告	研究提出社会与环境风险管理评价体系，制定监督评价相关制度，开展监督与评价，并出具监督评价审计报告	
风险策略	确定目标和策略				提出社会与环境风险管理策略		执行社会与环境风险管理相关制度
风险评估	批准社会与环境重大风险评估报告				研究提出跨部门社会与环境重大风险评估报告		研究提出本职能部门的重大决策社会与环境风险评估报告
控制决策	社会与环境风险控制决策				研究提出跨部门社会与环境重大风险管理方案		研究提出本职能部门社会与环境重大风险管理方案
监督评价	批准相关监督评价报告				针对评估结果提出改进方案		研究提出本职能部门重大决策、重大社会与环境风险、重要业务流程的判断标准或机制
组织机构	批准相关组织机构的设置				组织协调日常工作		

社会与环境风险的日常工作机制

企业应建立社会与环境风险的日常工作机制，形成每年度开展风险识别、分析、评估和应对的常态化工作程序，并对具体的风险点建立过程监控、预警和应急机制。

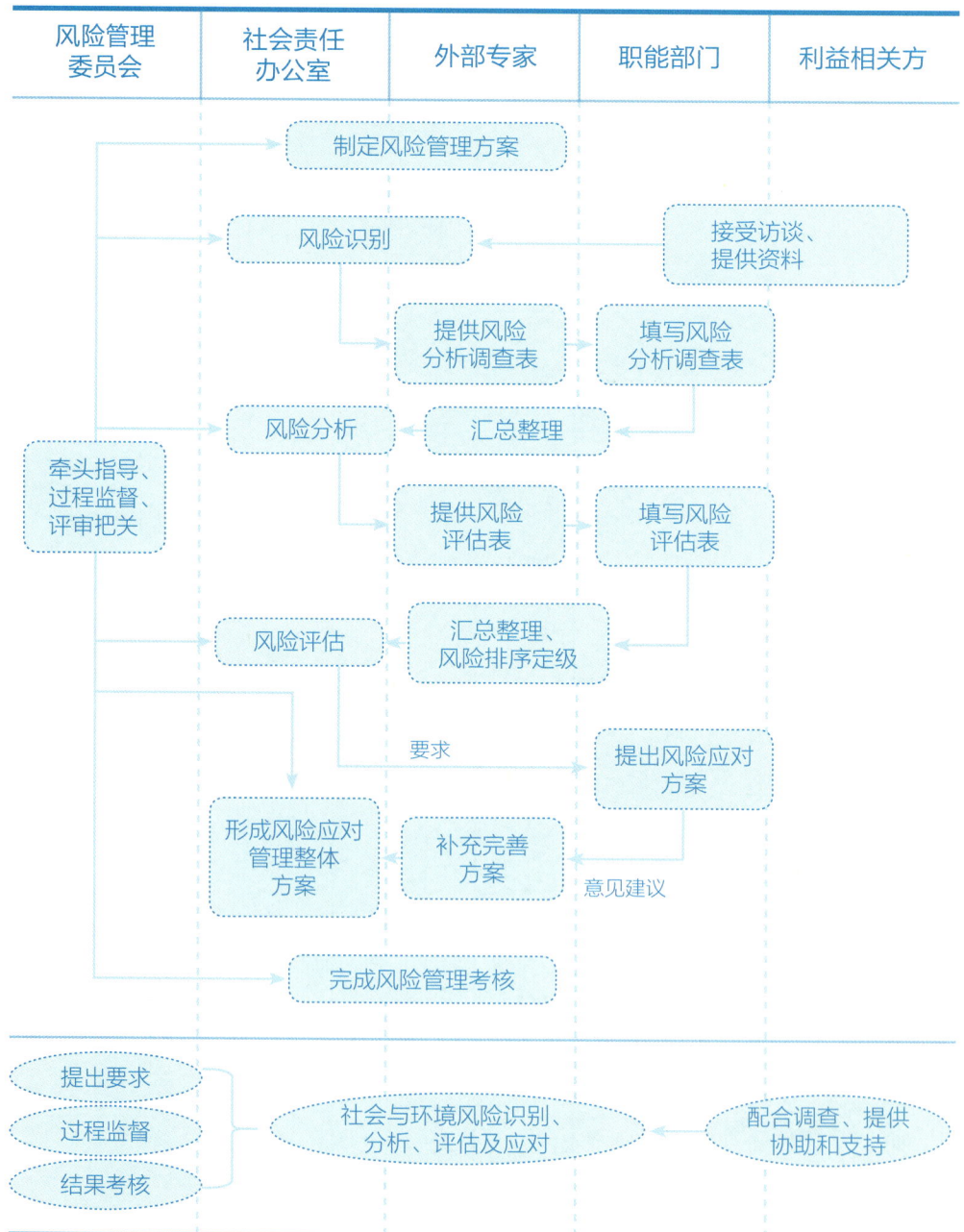

风险管理委员会	社会责任办公室	外部专家	职能部门	利益相关方
	制定风险管理方案			
	风险识别			接受访谈、提供资料
		提供风险分析调查表	填写风险分析调查表	
	风险分析	汇总整理		
		提供风险评估表	填写风险评估表	
牵头指导、过程监督、评审把关	风险评估	汇总整理、风险排序定级		
		要求	提出风险应对方案	
	形成风险应对管理整体方案	补充完善方案	意见建议	
	完成风险管理考核			
提出要求				
过程监督	社会与环境风险识别、分析、评估及应对			配合调查、提供协助和支持
结果考核				

制定年度风险管理方案

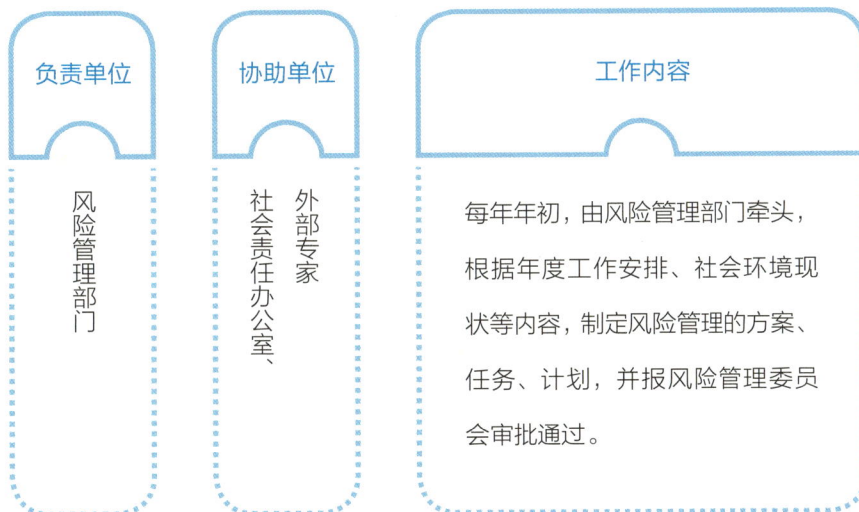

负责单位	协助单位	工作内容
风险管理部门	社会责任办公室、外部专家	每年年初，由风险管理部门牵头，根据年度工作安排、社会环境现状等内容，制定风险管理的方案、任务、计划，并报风险管理委员会审批通过。

风险管理任务下达与实施

通过开展风险识别、分析、评估等系列工作，完成风险管理任务的下达与实施。

社会与环境风险识别

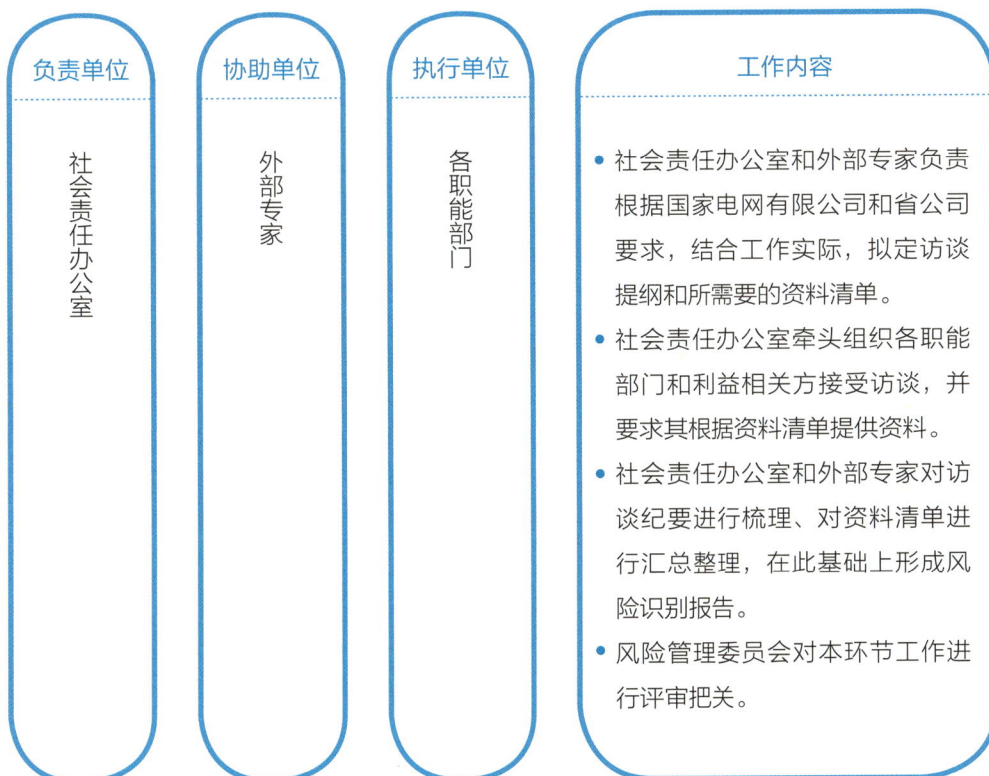

负责单位	协助单位	执行单位	工作内容
社会责任办公室	外部专家	各职能部门	• 社会责任办公室和外部专家负责根据国家电网有限公司和省公司要求，结合工作实际，拟定访谈提纲和所需要的资料清单。 • 社会责任办公室牵头组织各职能部门和利益相关方接受访谈，并要求其根据资料清单提供资料。 • 社会责任办公室和外部专家对访谈纪要进行梳理、对资料清单进行汇总整理，在此基础上形成风险识别报告。 • 风险管理委员会对本环节工作进行评审把关。

社会与环境风险分析

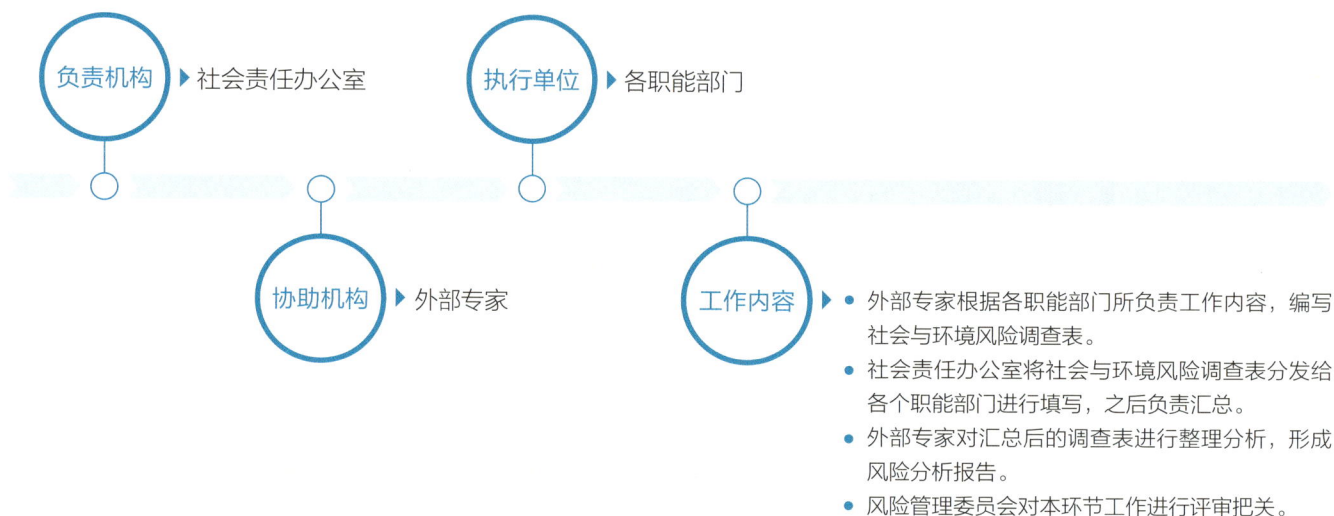

负责机构 ▶ 社会责任办公室	执行单位 ▶ 各职能部门
协助机构 ▶ 外部专家	工作内容 ▶

工作内容：
- 外部专家根据各职能部门所负责工作内容，编写社会与环境风险调查表。
- 社会责任办公室将社会与环境风险调查表分发给各个职能部门进行填写，之后负责汇总。
- 外部专家对汇总后的调查表进行整理分析，形成风险分析报告。
- 风险管理委员会对本环节工作进行评审把关。

社会与环境风险评估

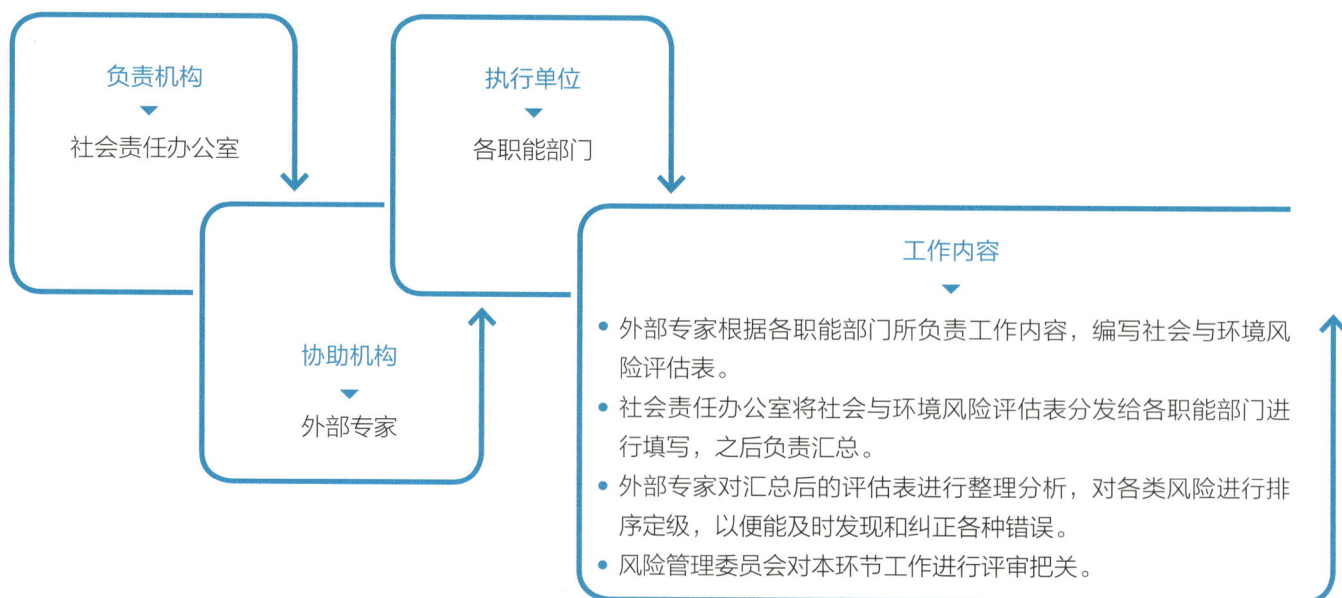

负责机构
▼
社会责任办公室

执行单位
▼
各职能部门

协助机构
▼
外部专家

工作内容
▼
- 外部专家根据各职能部门所负责工作内容，编写社会与环境风险评估表。
- 社会责任办公室将社会与环境风险评估表分发给各职能部门进行填写，之后负责汇总。
- 外部专家对汇总后的评估表进行整理分析，对各类风险进行排序定级，以便能及时发现和纠正各种错误。
- 风险管理委员会对本环节工作进行评审把关。

社会与环境风险应对

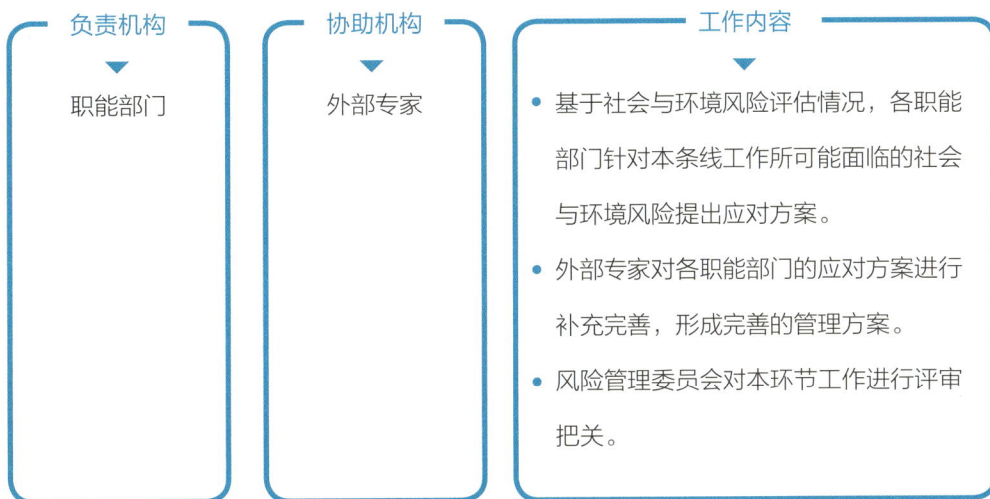

负责机构	协助机构	工作内容
职能部门	外部专家	• 基于社会与环境风险评估情况，各职能部门针对本条线工作所可能面临的社会与环境风险提出应对方案。 • 外部专家对各职能部门的应对方案进行补充完善，形成完善的管理方案。 • 风险管理委员会对本环节工作进行评审把关。

过程监控、预警与应急机制建设

负责单位	协助单位	工作内容
风险管理部门	社会责任办公室、外部专家	• 及时收集、汇总各职能部门开展项目的工作情况。 • 组织外部专家结合项目推进情况、社会与环境变化因素等内容，及时对风险提出预警。 • 职能部门根据预警及时调整项目。 • 建立健全应急机制，明确在风险发生时如何应对风险，及时化解危机。

年度风险管理绩效考核

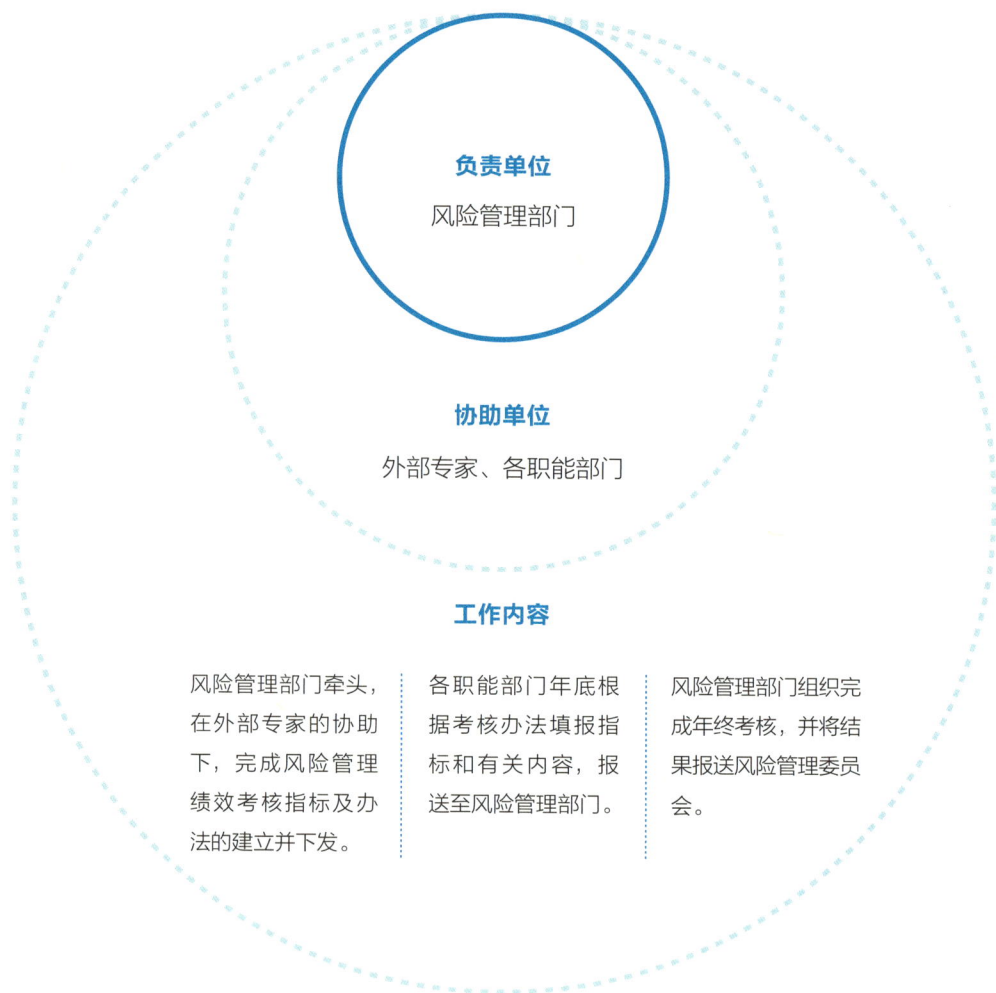

负责单位

风险管理部门

协助单位

外部专家、各职能部门

工作内容

风险管理部门牵头,在外部专家的协助下,完成风险管理绩效考核指标及办法的建立并下发。	各职能部门年底根据考核办法填报指标和有关内容,报送至风险管理部门。	风险管理部门组织完成年终考核,并将结果报送风险管理委员会。

重大决策与活动的社会与环境风险管理机制

企业应建立社会与环境风险管理的专项工作机制，针对每个具体的决策和活动，设立风险管理工作组，对项目涉及的社会与环境风险进行充分的识别、判断、评估，制定风险应对措施和应急预案，保证每个项目的实施都是社会环境友好的，尽量减少负面舆情和投诉。

重大决策与活动判断依据

不是企业做出的每项决策或活动都需要进行社会与环境风险评估和管理，只需要对具有重大影响的那部分决策或活动开展相应的风险管理程序。如何确定哪些决策或活动是重大的，就需要建立一套规范、标准的判断标准。

重大决策或活动判断依据

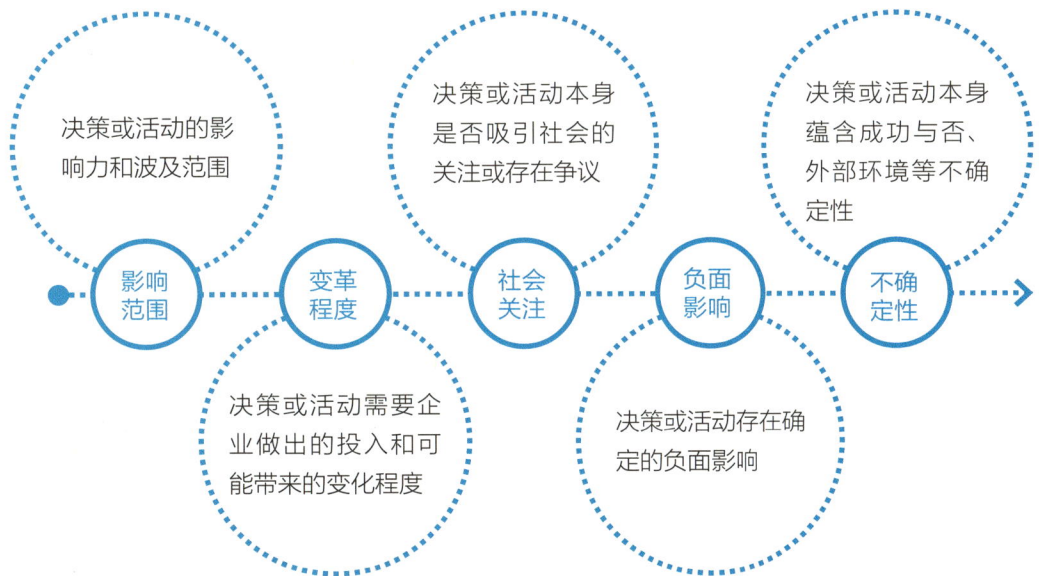

决策或活动的影响力和波及范围

决策或活动本身是否吸引社会的关注或存在争议

决策或活动本身蕴含成功与否、外部环境等不确定性

影响范围　→　变革程度　→　社会关注　→　负面影响　→　不确定性

决策或活动需要企业做出的投入和可能带来的变化程度

决策或活动存在确定的负面影响

重大决策与活动社会与环境风险评估决策程序

对于筛选出的重大决策和活动，需要在决策或活动开展时融入社会与环境风险评估程序，对该项决策或活动是否应该开展、需要如何规避社会与环境风险进行预评估。

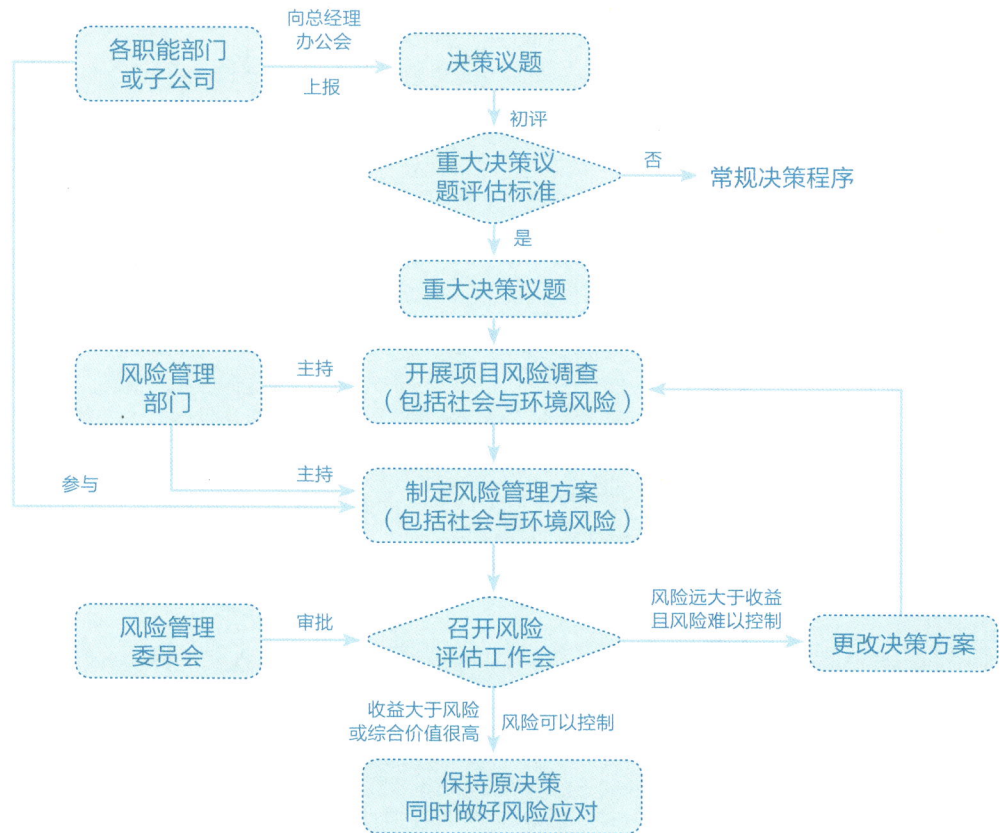

重大决策或活动社会与环境风险评估决策程序

开展项目风险调查并制定风险管理方案

由风险管理部门组织提交议题的职能部门或子公司针对某项重大决策议题开展深入、细致的风险评估，评估内容既包括决策议题对企业战略、市场、运营等各方面的风险，也包括对社会和环境带来的风险；通过调查、评估，编制重大决策议题的风险评估报告与管理方案供领导层决策时参考。

做出综合评估结果

通过召开风险评估工作会，对决策或活动的综合价值和可能存在的各类风险进行系统、全面、深入的分析和比较。对于风险超出收益且风险本身难以控制的情况，则需要对决策或活动做出方案调整，并重新进行评估；对于收益大于风险且风险在一定程度上可控的情况，则可以保持原有的决策，并在后续的决策执行过程中，将风险应对方案落地执行。

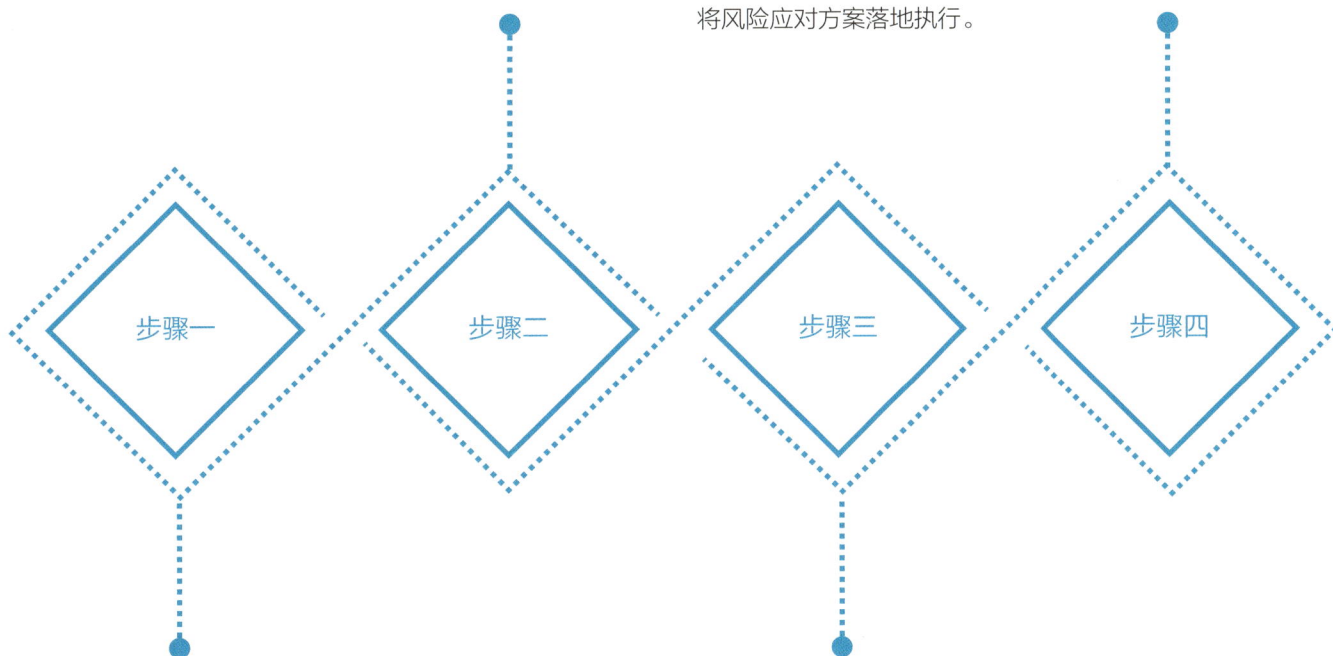

步骤一　步骤二　步骤三　步骤四

决策议题初评

由各职能部门或子公司向总经理办公会上报需要上会讨论的决策议题。总经理办公会依据《重大决策议题评估标准》对决策议题的重要性进行初步评估，判定决策议题是否为重大决策议题，如果不是，则按照企业现有的常规决策程序进行；如果是重大决策，则启动重大决策的风险评估程序。

召开风险评估工作会

风险评估工作会由企业风险管理委员会组织召开。该工作会可单独针对社会与环境风险召开，也可以在常规的决策工作会上增加对社会与环境风险的讨论环节。对可能涉及的重要利益相关方，可酌情考虑让利益相关方代表出席会议。工作会上需要对决策或活动的综合价值和风险进行全面的讨论，并根据民主表决作出最终的评估结果。

社会与环境风险管理文化培育

社会与环境风险管理文化内涵

社会与环境风险管理涉及企业整体发展，与企业各层面、各业务领域及所有员工均相关。只有将相关风险意识和理念融入企业文化中，把风险意识转化为全体员工的共同认识和自觉行动，才能确保社会与环境风险管理目标的实现。社会与环境风险管理需要员工在认知和行为中融入守法合规、主动担责、未雨绸缪、合作共赢、充分尊重等文化内涵。

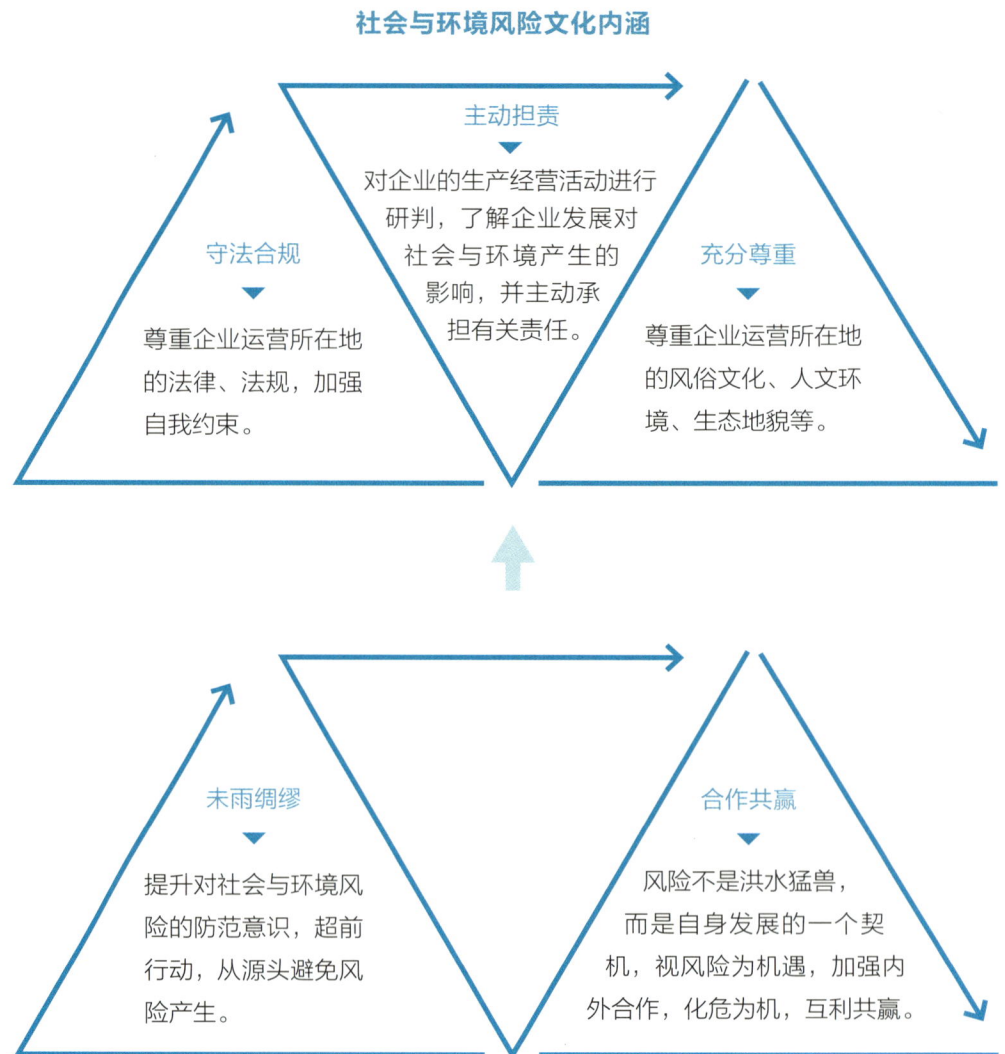

社会与环境风险文化内涵

主动担责
对企业的生产经营活动进行研判，了解企业发展对社会与环境产生的影响，并主动承担有关责任。

守法合规
尊重企业运营所在地的法律、法规，加强自我约束。

充分尊重
尊重企业运营所在地的风俗文化、人文环境、生态地貌等。

未雨绸缪
提升对社会与环境风险的防范意识，超前行动，从源头避免风险产生。

合作共赢
风险不是洪水猛兽，而是自身发展的一个契机，视风险为机遇，加强内外合作，化危为机，互利共赢。

社会与环境风险管理文化建设原则与方法

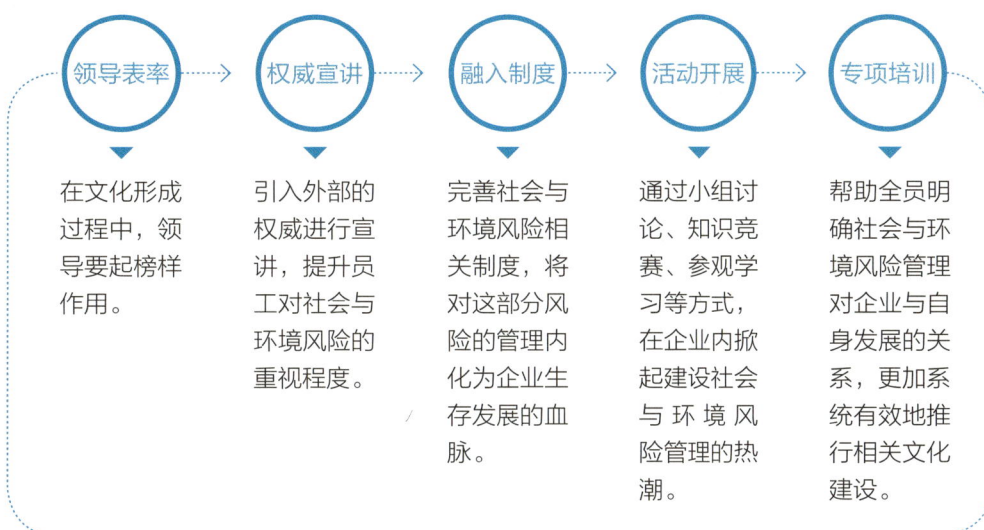

建立良好的风险管理文化，与建立健全社会与环境风险管理体系同等重要。企业的所有生产经营行为、所有的控制制度，最终都由具体的人来操作和完成。

社会与环境风险管理文化建设方法

领导表率	权威宣讲	融入制度	活动开展	专项培训
在文化形成过程中，领导要起榜样作用。	引入外部的权威进行宣讲，提升员工对社会与环境风险的重视程度。	完善社会与环境风险相关制度，将对这部分风险的管理内化为企业生存发展的血脉。	通过小组讨论、知识竞赛、参观学习等方式，在企业内掀起建设社会与环境风险管理的热潮。	帮助全员明确社会与环境风险管理对企业与自身发展的关系，更加系统有效地推行相关文化建设。

社会与环境风险管理文化建设原则

"以人为本"的原则	讲求实效的原则	系统运作、重在领导的原则	突出特色、追求卓越的原则
把员工视为管理的主要对象和企业的最重要资源，社会和环境风险管理文化的建设始终做到以人为中心。	切合企业当前实际情况，符合企业定位，建立、完善内部管控体系和有效的激励约束机制。	运用系统论的方法，做出整体设计，分步推进，按层次落实。明确总体目标和阶段性目标，根据目标来具体操作和建设。	重视挖掘和提炼，整理出具有本企业鲜明特色的文化内涵，同时要体现出先进的时代水平，让员工与企业产生共鸣。

04 KEY RISKS
重点风险

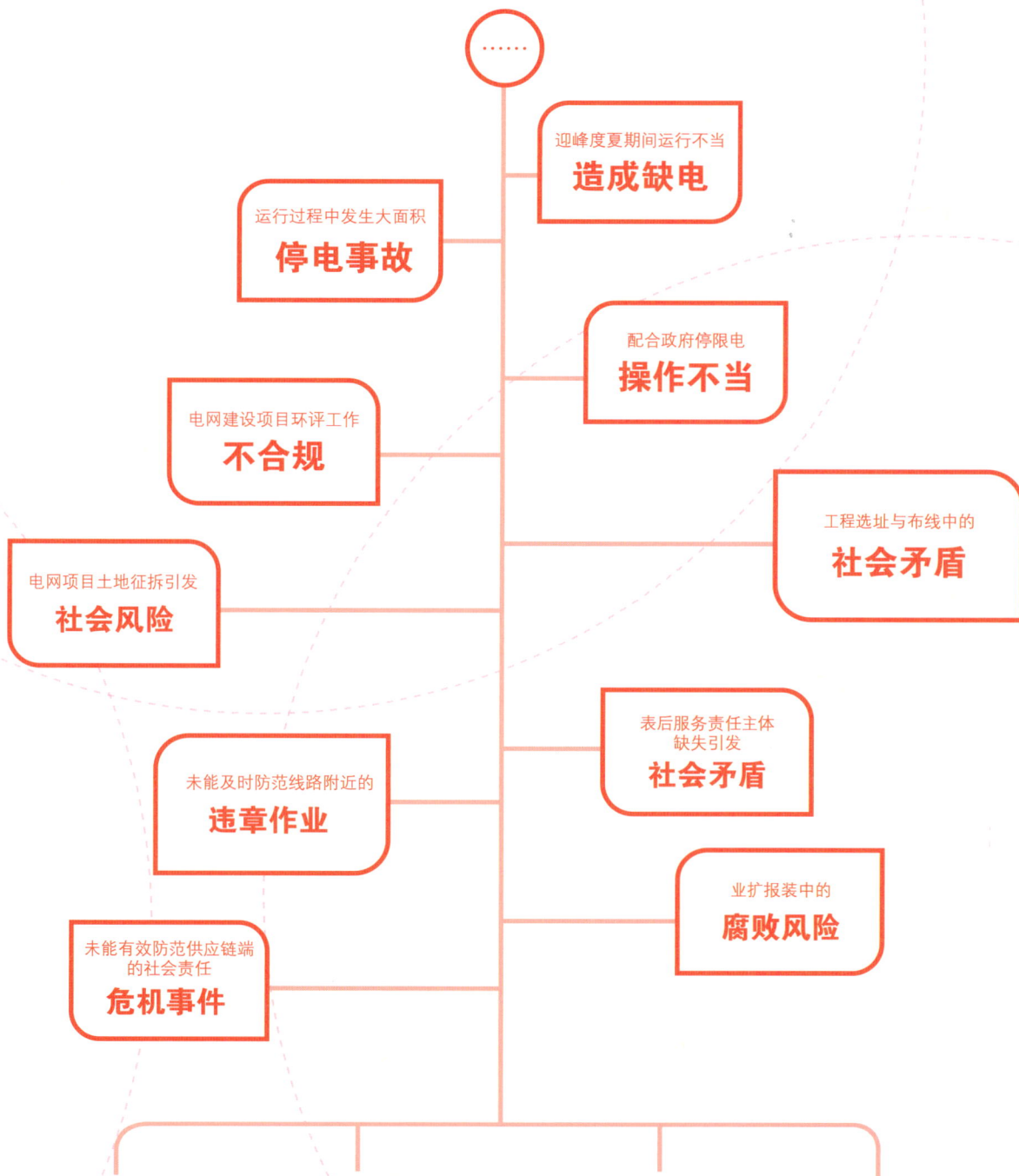

迎峰度夏期间运行不当
造成缺电

运行过程中发生大面积
停电事故

配合政府停限电
操作不当

电网建设项目环评工作
不合规

工程选址与布线中的
社会矛盾

电网项目土地征拆引发
社会风险

表后服务责任主体
缺失引发
社会矛盾

未能及时防范线路附近的
违章作业

业扩报装中的
腐败风险

未能有效防范供应链端
的社会责任
危机事件

供电企业社会与环境风险树

风险管理部门联合外部专家团队组成风险调查组，通过对 10 个职能部门以及客户、政府、供应商、员工、社区居民等利益相关方的走访调研，舆情报告、总结报告、全面风险管理报告等资料的收集、整理，最终识别出 120 个社会与环境风险点。风险调查组结合供电企业运营的流程和主要工作节点，将这些风险点绘制成供电企业社会与环境风险树（图中风险点用风险编号表示，详细名称参考本书 88 页供电企业社会与环境风险清单），以便后续的可视化和信息化管理。

高　　　中风险　　　　　　　　　　　　　　高风险

　　　　　　　　　　　　　　　　　　　YX-SE-05

　　　　　　　YX-SE-14　　　　　　　　　　　　YX-SE-10

　　　　　　　　　　　　　　　　　　　　　　　　　YX-SE-08
　　　　　　　　　　　　　　　JX-SE-07

风
险　　　　　　　　　　　　　　RZ-SE-07　　　　　中风险
发
生　　　　　　　　　　　　　　　　JS-SE-03
的　　　中风险　　　　　　　　　　　　　　　　　　YX-SE-07
概　　　　　　　　YX-SE-13　　　YX-SE-06
率　　　　　　　　CW-SE-02　　　　JS-SE-05

　　　　　　JS-SE-08　　　　　　　JX-SE-08

　　　　WZ-SE-03　　　　SY-SE-02　　　　GH-SE-08
　　　　　　　　　　　　　　　ZH-SE-01
RZ-SE-03　　　　　　　　　　　　　　　　　　JX-SE-09
　　　　　　　　JX-SE-06　　　JS-SE-06　　　　JX-SE-04

　　　　　　　　　　　　　　RZ-SE-02　　　　RZ-SE-01
　　　　　　　　　JX-SE-05
　　　低风险　　　　　　　　　　　　　　中风险
　　　　　　　　　　　　　JX-SE-04　　　YX-SE-11
　　　　　　GH-SE-06
低　　　　　　　　　　JX-SE-10
　　　　　　　RZ-SE-04　　　　　　YX-SE-10

　　　低　　　　　　　　　　　　　风险发生造成的危害程度

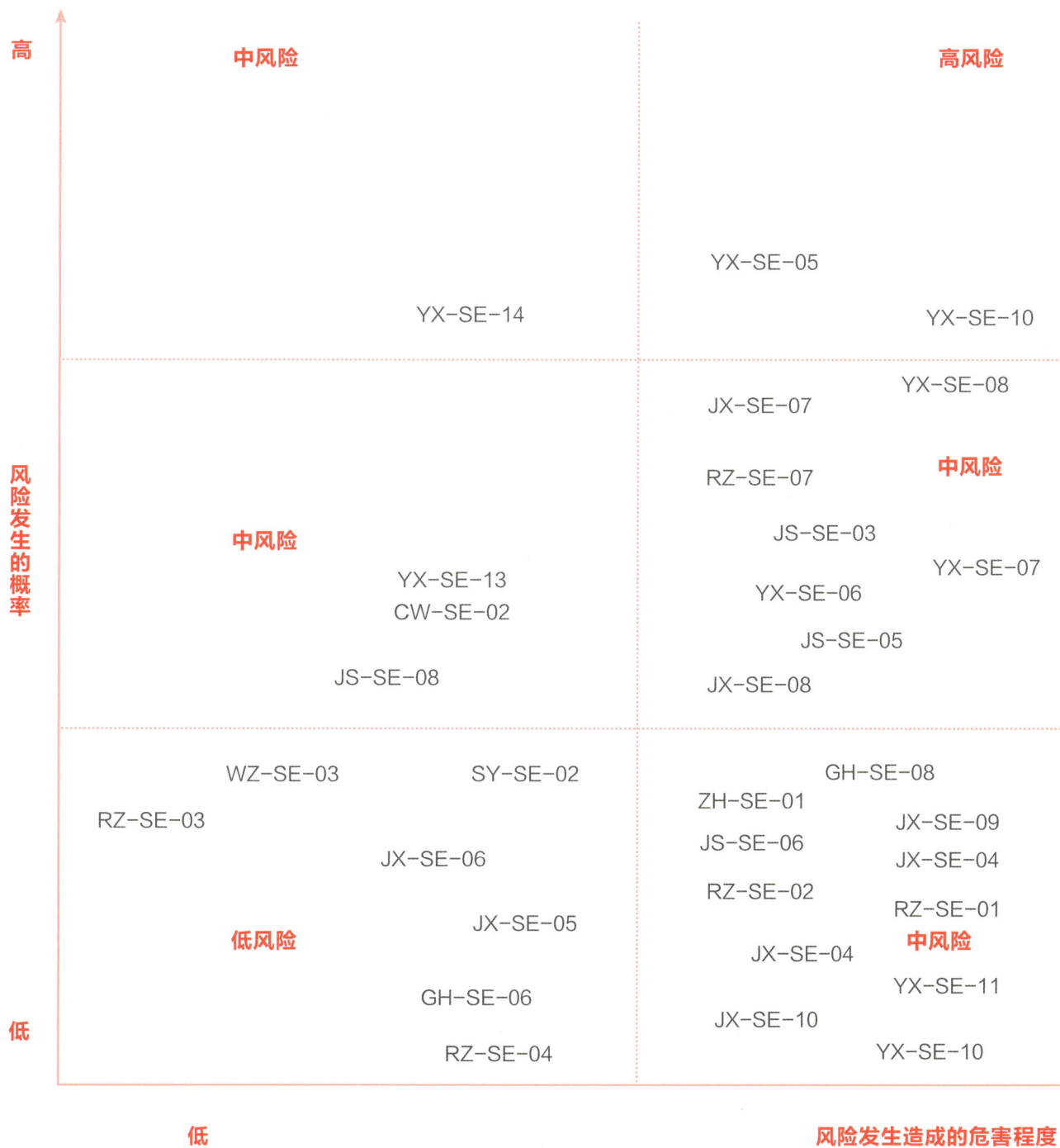

　　　　　　　　　　　　　　供电企业社会与环境风险地图

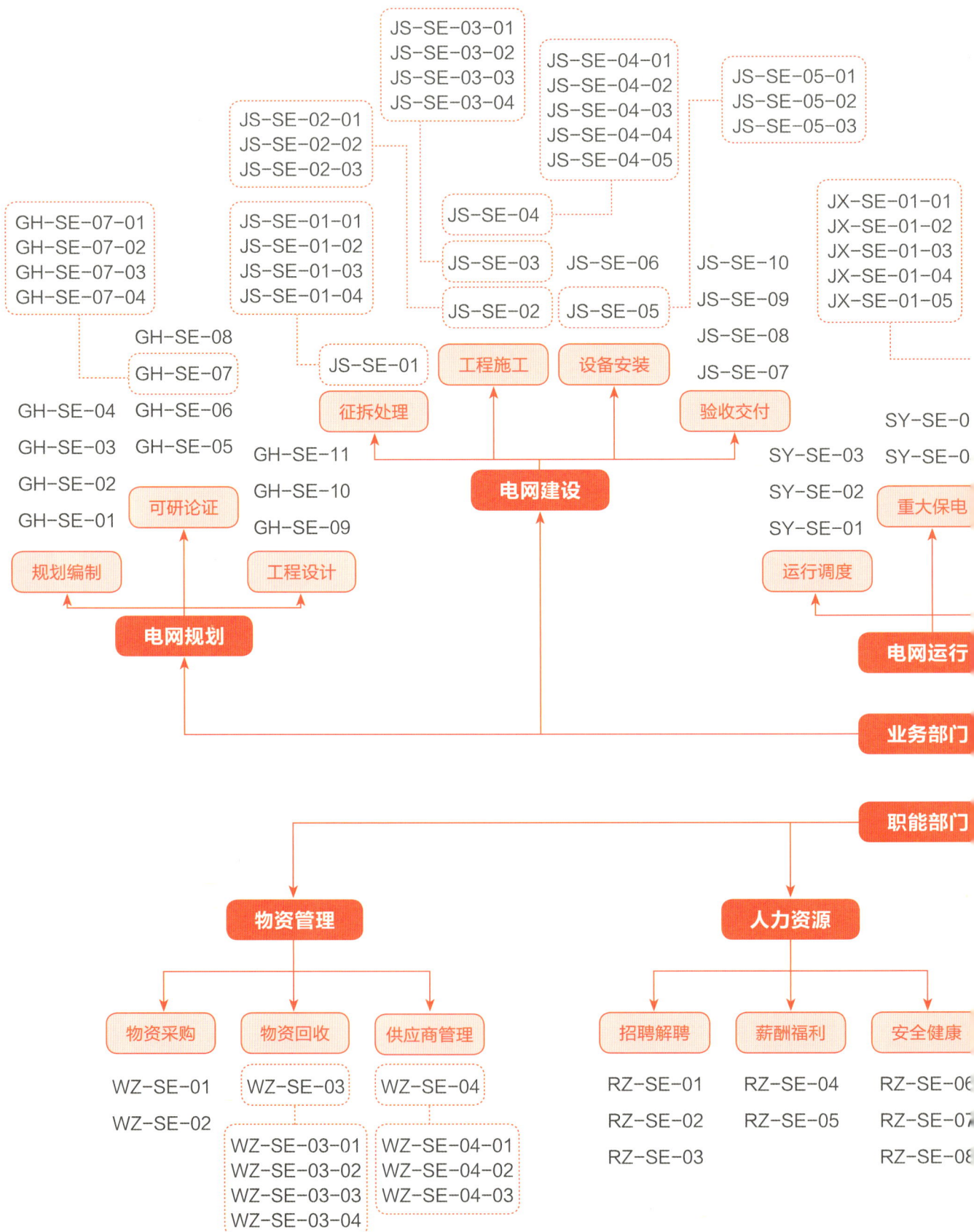

JS-SE-03-01
JS-SE-03-02
JS-SE-03-03
JS-SE-03-04

JS-SE-04-01
JS-SE-04-02
JS-SE-04-03
JS-SE-04-04
JS-SE-04-05

JS-SE-05-01
JS-SE-05-02
JS-SE-05-03

JS-SE-02-01
JS-SE-02-02
JS-SE-02-03

GH-SE-07-01
GH-SE-07-02
GH-SE-07-03
GH-SE-07-04

JS-SE-01-01
JS-SE-01-02
JS-SE-01-03
JS-SE-01-04

JS-SE-04

JX-SE-01-01
JX-SE-01-02
JX-SE-01-03
JX-SE-01-04
JX-SE-01-05

JS-SE-03   JS-SE-06   JS-SE-10

JS-SE-02   JS-SE-05   JS-SE-09

GH-SE-08   JS-SE-08

GH-SE-07   JS-SE-01   工程施工   设备安装   JS-SE-07

GH-SE-04   GH-SE-06   征拆处理   验收交付   SY-SE-0

GH-SE-03   GH-SE-05   GH-SE-11   SY-SE-03   SY-SE-0

GH-SE-02   GH-SE-10   电网建设   SY-SE-02   重大保电

GH-SE-01   可研论证   GH-SE-09   SY-SE-01

规划编制   工程设计   运行调度

电网规划   电网运行

业务部门

职能部门

物资管理   人力资源

物资采购   物资回收   供应商管理   招聘解聘   薪酬福利   安全健康

WZ-SE-01   WZ-SE-03   WZ-SE-04   RZ-SE-01   RZ-SE-04   RZ-SE-06

WZ-SE-02   RZ-SE-02   RZ-SE-05   RZ-SE-07

WZ-SE-03-01   WZ-SE-04-01   RZ-SE-03   RZ-SE-08
WZ-SE-03-02   WZ-SE-04-02
WZ-SE-03-03   WZ-SE-04-03
WZ-SE-03-04

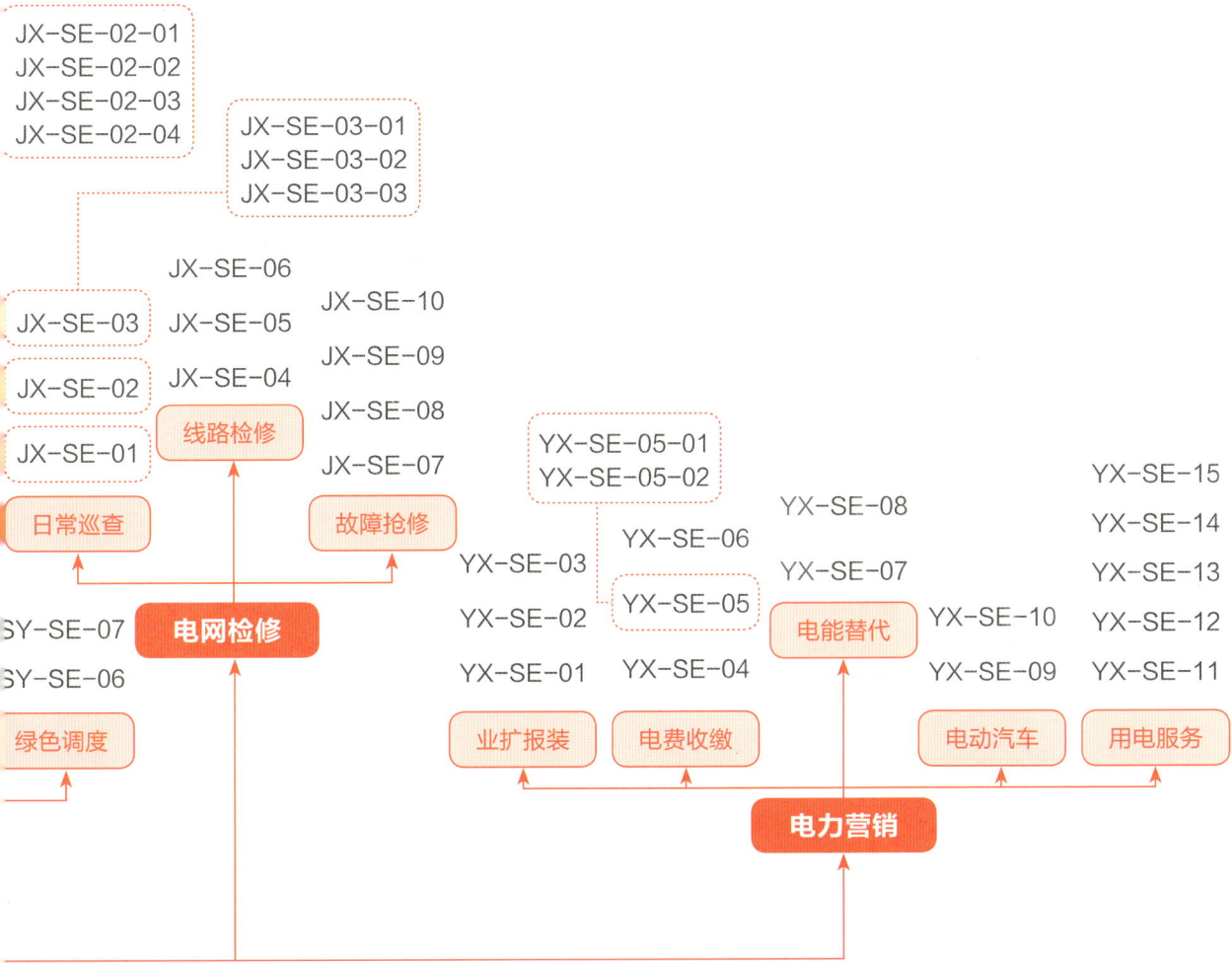

JX-SE-02-01
JX-SE-02-02
JX-SE-02-03
JX-SE-02-04

JX-SE-03-01
JX-SE-03-02
JX-SE-03-03

JX-SE-06

JX-SE-03

JX-SE-05

JX-SE-10

JX-SE-02

JX-SE-04

JX-SE-09

JX-SE-01

线路检修

JX-SE-08

YX-SE-05-01
YX-SE-05-02

YX-SE-15

日常巡查

故障抢修

JX-SE-07

YX-SE-08

YX-SE-14

YX-SE-06

YX-SE-07

YX-SE-13

SY-SE-07

电网检修

YX-SE-03

YX-SE-05

电能替代

YX-SE-10

YX-SE-12

SY-SE-06

YX-SE-02

YX-SE-09

YX-SE-11

绿色调度

YX-SE-01

YX-SE-04

业扩报装

电费收缴

电动汽车

用电服务

电力营销

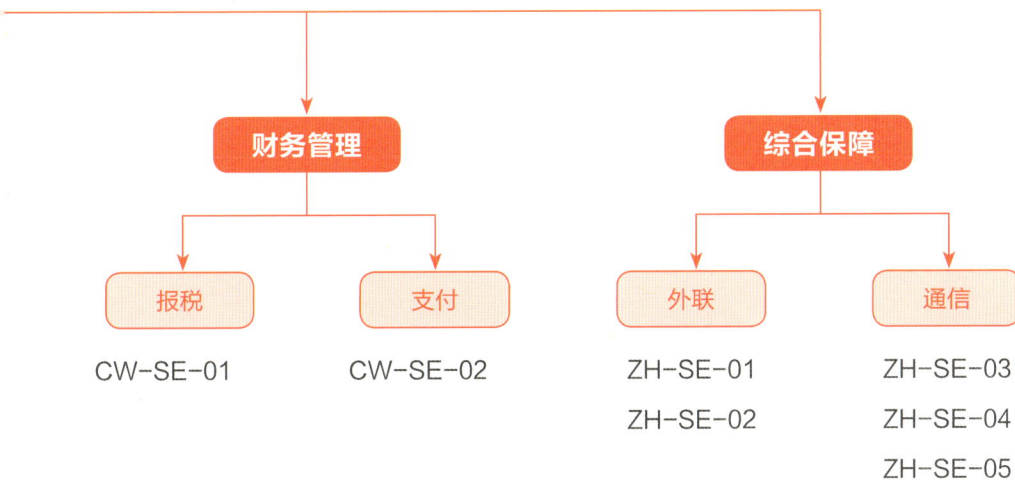

财务管理

综合保障

报税

支付

外联

通信

CW-SE-01

CW-SE-02

ZH-SE-01
ZH-SE-02

ZH-SE-03
ZH-SE-04
ZH-SE-05

境风险树

供电企业社会与环境风险地图

风险管理委员会对识别出的 120 个风险点进行了进一步的问卷调查和资料分析，对每个风险点在企业可能发生的概率、风险可能带来的危害都进行了系统的梳理、分析和定量化评估，并运用二维矩阵法绘制供电企业社会与环境风险地图，将 120 个风险点进一步划分为重大风险、高风险、中风险和低风险四个等级。

风险等级	风险数量（个）	占比
重大风险	10	8.33%
高风险	15	12.50%
中风险	75	62.50%
低风险	20	16.67%

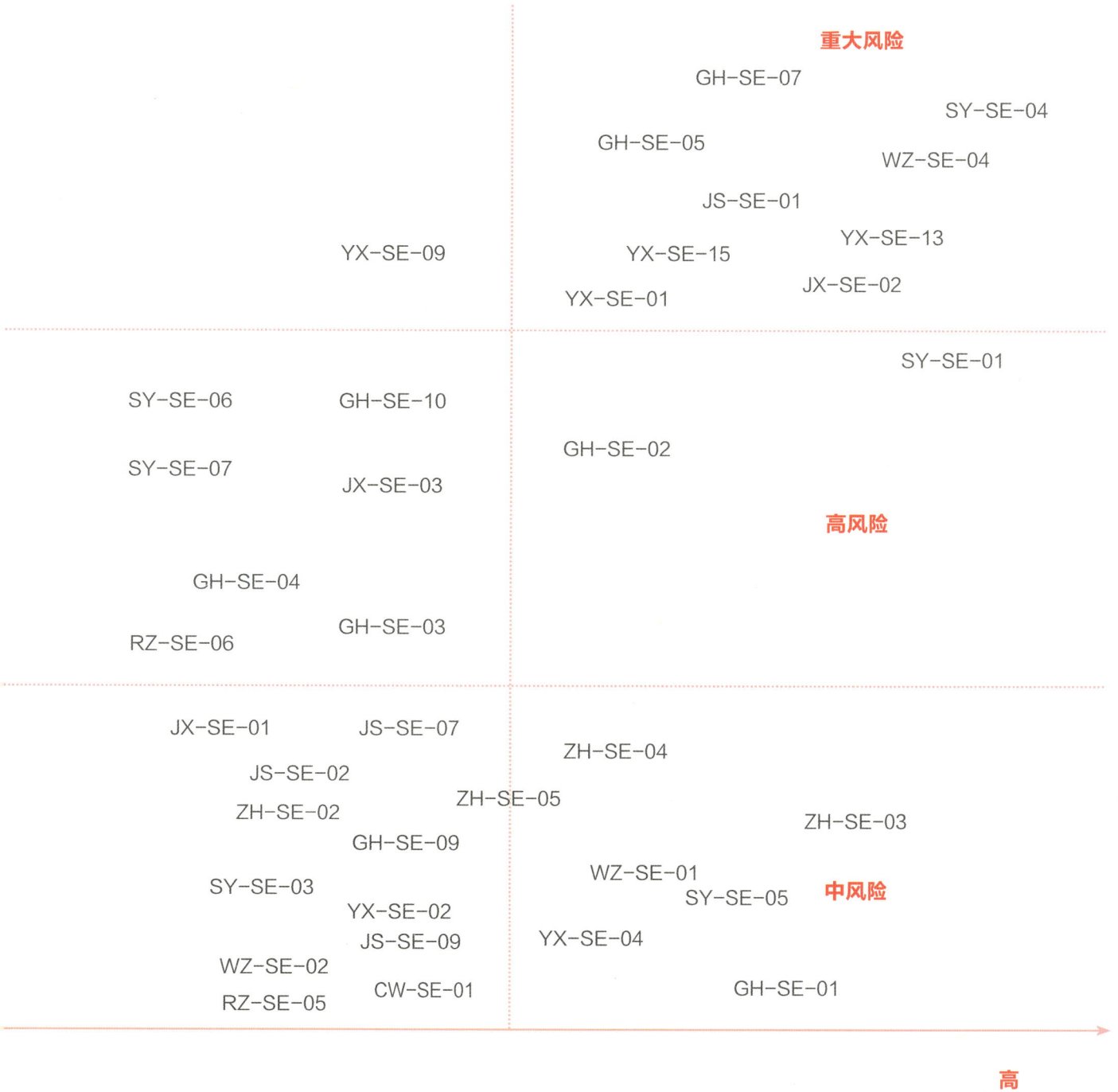

重大风险

GH-SE-07

SY-SE-04

GH-SE-05

WZ-SE-04

JS-SE-01

YX-SE-09

YX-SE-13

YX-SE-15

JX-SE-02

YX-SE-01

SY-SE-01

SY-SE-06　　GH-SE-10

GH-SE-02

SY-SE-07

JX-SE-03

高风险

GH-SE-04

RZ-SE-06　　GH-SE-03

JX-SE-01　　JS-SE-07

ZH-SE-04

JS-SE-02

ZH-SE-02

ZH-SE-05

ZH-SE-03

GH-SE-09

SY-SE-03

WZ-SE-01

中风险

SY-SE-05

YX-SE-02

JS-SE-09

YX-SE-04

WZ-SE-02

RZ-SE-05　　CW-SE-01

GH-SE-01

高

供电企业十大重点社会与环境风险管理示例

针对筛选出的风险发生概率较高、风险危害极大的 10 个重大风险点，风险调查组在国家电网有限公司系统内进行了广泛的案例征集，并结合公司开发的社会与环境风险管理方法，对 10 个重大风险点提出了不同的风险应对策略组合和整合方案，并编制风险管理方案与案例，用于指导公司员工在遇到同类风险时采取正确、及时的应对措施。

十大重点社会与环境风险及应对策略

重大风险点	应对策略
• SY-SE-01 运行过程中发生大面积停电事故	风险控制
• SY-SE-04 迎峰度夏期间运行不当造成缺电	风险控制
• YX-SE-13 配合政府停限电操作不当	风险分担 + 风险控制
• GH-SE-07 电网建设项目环评工作不合规	风险控制
• GH-SE-05 工程选址与布线中的社会矛盾	风险规避 + 风险控制
• JS-SE-01 电网建设项目土地征拆引发社会风险	风险分担 + 风险控制
• YX-SE-15 表后服务责任主体缺失引发社会矛盾	风险分担
• JX-SE-02 未能及时防范线路附近的违章作业	风险控制 + 风险分担
• WZ-SE-04 未能有效防范供应链端的社会责任危机事件	风险分担 + 风险规避
• YX-SE-01 业扩报装中的腐败风险	风险控制

运行过程中发生大面积停电事故风险管理方案

风险描述与分析

大面积停电事故是指由于自然灾害、电力安全事故和外力破坏等原因造成区域性电网、省级电网或城市电网大量减供负荷，对国家安全、社会稳定及人民群众生产生活造成影响和威胁。

风险发生条件 ▶

大面积停电事故是供电企业中风险等级最高的风险之一。引发大面积停电的因素主要包括：

- 自然灾害造成的破坏远远超出电力设施设计能力导致电网事故发生；
- 电网结构不合理，电力系统设备元件健康水平不高；
- 继电保护和自动装置管理维护不到位，出现误动、拒动；
- 检修时运行方式不合理及事故处理中工作人员配合不当；
- 工作人员发生违章行为或误操作导致电网事故发生。

◀ **风险发生概率**

我国发生大面积停电事故主要集中在 1972—1997 年间。随着国家大力建设特高压、推动区域电网互联互通，发生该风险的概率越来越低。近十几年内主要在 2006 年湖北和 2012 年深圳有发生局部停电事故。

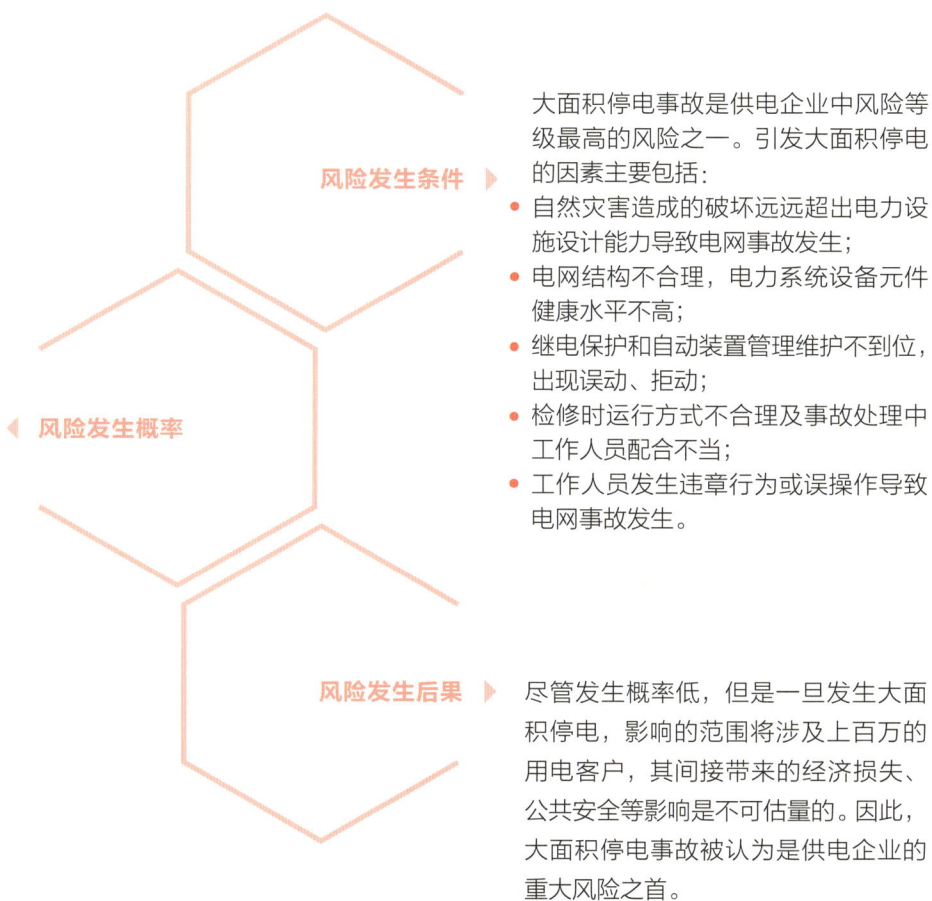

风险发生后果 ▶

尽管发生概率低，但是一旦发生大面积停电，影响的范围将涉及上百万的用电客户，其间接带来的经济损失、公共安全等影响是不可估量的。因此，大面积停电事故被认为是供电企业的重大风险之首。

风险管理方案

大面积停电风险的产生因素复杂、难以避免，供电企业只能采取风险控制策略，尽可能做好硬件和软件的各方面防范。其防范措施不仅牵涉电网规划、建设、调度、检修的业务运营全过程，也涉及电厂、客户、供应商等多个外部利益相关方。

- 完善电网结构，提高电网稳定标准。
- 尽快消除电网的薄弱环节。
- 提高电力系统各设备元件的健康水平。

打造坚强电网结构

健全应急联动机制

加强电网运行管理

做好操作人员管理

- 完善电力系统应急管理机制。
- 编制黑启动预案并加强演练，提高黑启动能力。

- 在电网的运行中，要求有功功率达到分区域平衡，电源点布置要合理，负荷中心地区应有必要的电源支撑。
- 强化电网运行的安全管理和监督。
- 加强继电保护和自动装置的管理，加强直流系统的运行维护，确保二次设备的可靠运行。

- 防止电气误操作事故，加强防误操作管理，落实防误操作工作责任制，设专人负责防误装置管理。
- 提高工作人员素质，严防因人员责任事故扩大为电网事故。

G20 峰会防大面积停电

二十国集团领导人第十一次峰会（G20 杭州峰会）于 2016 年 9 月 5 日落下帷幕。会议期间，各国领导人齐聚西子湖畔，共商世界经济发展合作大计。为确保峰会的顺利进行，国家电网成立 G20 杭州峰会保电工作领导小组，多措并举，全力保障峰会保电工作万无一失。

"全网保华东、华东保浙江、浙江保杭州、杭州保核心"

备战期：2016 年 6 月 30 日之前

- 启动浙江主网补强工程 43 项。
- 实施环西湖亮灯改造工程，敷设地下电缆 189 千米。
- 所有特级保电客户拥有 3 路专线供电，一级保电客户拥有双路专线供电。
- 全面排查风险隐患，细化"一站一册"等现场处置手册。
- 开发峰会调度指挥技术支持系统和智能保电指挥系统。
- 建立政府主导、客户主体、电力主动的"三位一体"客户侧保电机制。
- 与所有保电客户签订峰会保电供用电安全协议。
- 以任务清单为抓手动态管控工作进展，梳理保电任务 345 项。

临战期：2016 年 7 月 1 —31 日

- 全面开展"问题回想、事故预想"活动。

实战期：2016 年 8 月 1 —27 日

- 加强反恐和治安保卫，提升重要保电场所安防技术。
- 构建军、警、企、群"四位一体"的综合防控机制。
- 组织跨区域应急救援基层干部队伍拉练和专项应急演练 404 场。
- 将保电核心区划分为 13 个战区，编制 32 个专项应急预案。

决战期：2016 年 8 月 28 日 —9 月 6 日

- 708 名客户侧保电人员全程与客户、电工同进同出、现场值守。
- 24 小时不间断巡视相关保电设施、设备。

迎峰度夏期间运行不当造成缺电风险管理方案

风险描述与分析

夏季由于气温高，空调、冰箱等大功率电器集中使用，导致电网超负荷运行而发生缺电或停电事故，给客户带来生产与生活不便。

风险发生条件

迎峰度夏期间发生缺电、停电风险本身也是大面积停电风险的一个子类，它们之间既有诸多相似的发生条件，也有夏季的特殊因素，具体包括：

- 电网结构不合理，存在若干薄弱环节。
- 局部区域谐波污染严重，导致无功设备无法正常投切。
- 外力施工破坏，线路被迫停电。
- 专用变压器缺乏维护，用户用电存在隐患。
- 调度运行不畅，电源侧发电不足等。

风险发生概率

迎峰度夏期间发生缺电或停电事故的概率较高，尤其是人口密度大、夏季非常炎热的"火炉"城市，几乎每年都会发生因负荷超载引起的拉闸限电甚至是紧急停电事故，发生概率较高。

风险发生后果

迎峰度夏期间发生停电风险的影响有两种：一种是有提前预警的拉闸限电，这主要会给客户带来一定的经济损失和生活不便；另一种是无预警的紧急停电，这往往会造成更大的损失甚至人身安全。

风险管理方案

迎峰度夏期间发生的缺电或停电事故风险是较为常见的风险，每一年都会成为供电企业夏季的重点工作之一。该风险同样是难以避免的风险，因此建议采取风险控制策略，将各类风险的发生条件降至最低。

- 尽快消除电网的薄弱环节尤其是低电压台区治理。
- 提高电力系统各设备元件的健康水平。
- 大力发展特高压互联互通，提升资源配置能力。

不断完善
电网网架

- 控制好谐波产生的源头，尽量减少系统中谐波的产生。
- 通过加装电抗器、滤波器等补救措施控制谐波的产生。

加快局部
区域谐波治理

合理安排
电网运行方式

加强电网
设备运维，
降低故障概率

- 适当提高电网的运行电压。
- 合理组织变压器的经济运行。
- 调整用户的负荷曲线。
- 安排好有序用电与设备检修计划。
- 做好发电权交易。

- 加强重点用户、用电线路安全隐患排查与消缺。
- 制定专项保障预案，改造线路设备。
- 增设应急抢修点及时处理故障报修。

点亮山城——迎峰度夏专项行动

重庆是著名的"火炉",夏季用电需求量大,同时地方经济发展迅速。与用电负荷的高速增长形成反差的是重庆地区能源供应不足,长期缺电、缺煤、缺装机、缺负荷、2011年全年对外拉闸限电100多台次。2012年,国网重庆市电力公司超前启动迎峰度夏工作,经受住大负荷考验,成功实现"错峰不限电、限电不拉路"目标。

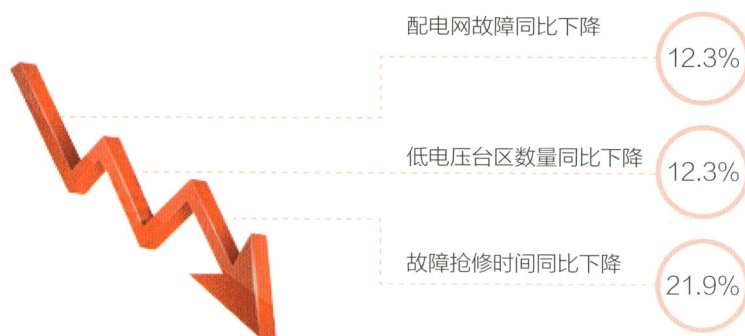

配电网故障同比下降 **12.3%**

低电压台区数量同比下降 **12.3%**

故障抢修时间同比下降 **21.9%**

确保安全可靠供电

深入推进百日安全活动、"电靓巴渝"安全质量行等专项行动,保证电网安全稳定运行。

强化电网供电能力

安排资金17.26亿元,完成度夏工程656项。治理低电压台区4654个,低电压台区数量同比下降24.6%。针对特别重要用户66户、物业弃管小区1344个、单电源供电小区284个,制定专项保障预案,落实132条反复故障线路、1057条重要敏感线路检修消缺措施。

提升优质服务水平

每天通报电力供需形势,严格度夏期间停电审批,提前签订有序用电协议11290份,减少停电时间,最大限度减少对百姓生活的影响。排查政府办公场所等重要用户安全隐患198项,协助进行整改,保障重要区域、重要客户用电可靠。增设抢修站点107个,及时受理客户故障报修。

积极服务发电企业

全面落实"水电基本不弃、火电力争稳发满发"要求,克服来水超丰与需求低迷困难,平衡内发外购,加强水火、网厂协调,组织增购川电转让交易30.12亿千瓦时,提升网内火电利用小时数525小时。

配合政府停限电操作不当风险管理方案

风险描述与分析

政府开展拆违控违、环保整治、法院强制执行过程中，要求供电企业配合实施强制停限电，供电企业由于各种操作不当的原因，导致停错电或引发较大的舆论反弹等风险发生。

风险发生条件

内部条件：
- 业务人员未取得政府法定有效的执行文书。
- 业务人员对强制停限电的实施主体不清晰、业务技能不足。
- 停电通知不到位或未到通知时间就停电。
- 未在政府主导下实施停电。

外部条件：
- 用户对强制停限电存在较大抵触。
- 社会舆论对政府执行的整治整改工作存在较大的争议。

风险发生概率

随着国家对于环保、安全的大力度整治，需要供电企业配合采取停限电措施的外部需求越来越多，停限电的社会关注度也越来越高，发生该类风险的概率大大提高。

风险发生后果

该类风险一旦发生，不仅可能造成用电设备损坏、产品报废等经济损失，也可能引发社会负面舆论，给供电公司以及地方政府带来严重的负面影响和法律风险。

风险管理方案

从短期以及直接的效果来看，配合政府停限电对于供电企业而言通常是个"双输"的任务，不仅会减少供电企业自身的经营业绩，还可能因为停电操作不当承担额外的法律和舆论风险。因此，供电企业在管理该类风险时，应采取风险规避、风险控制和风险分担在内的多样化应对策略。

发挥供电企业主动性，积极参与政府专项整治工作决策，从多方视角审视停限电推动整改工作的必要性，综合考虑停限电操作的负面影响，推动政府审慎决策，尽可能减少停限电操作或寻找替代方案。

在配合政府开展停限电工作的同时，加强社会舆论的监控，及时发现违规操作或负面事件，以最快速度作出回应，做好社会沟通与解释，避免因停限电工作给企业的品牌声誉带来负面损害。

尽量减少停限电操作的发生

加强停限电操作中的舆论监控与沟通

规范停限电的操作程序与员工行为

未雨绸缪做好风险转移和分担

- 出台配合政府部门停限电工作专项制度，严格规范配合政府停限电程序和人员行为。
- 强化配合停限电工作人员培训，包括专业技能的培训和社会沟通能力的培训。
- 加强与政府相关部门的联动，确保每项工作都有法可依，审批程序到位。

将配合政府停限电工作纳入企业投保范围，在发生因停限电操作不当引起客户损失时，能够由第三方保险机构给予赔付。

拆违不拆心，社会责任根植违章建筑拆除全过程用电管理

拆违工作一直以政府部门主导、供电公司配合的模式开展。由于拆违工作的强制性和供电公司的被动角色，往往容易引发社会矛盾并损害供电公司社会形象。国网上海市电力公司引入社会责任管理理念，改变最初被动协助停电模式，形成和谐文明、多方联合、政企协作的拆违配合的长效工作机制。

主要做法：

- **聚焦拆前矛盾点，提升情感认同。** 以政企协作为抓手，紧靠政府依法开展配合拆违停电；建立用户走访制度，提前充分了解拆违用户及租户等利益受损群体用电困难，及时提供合理帮助；充分履行通知义务，推动拆违工作有序开展。

- **注重拆中协作点，提高工作效率。** 制定配合拆违停电管理制度，规范统一执行现场停电工作；协调政府联合开展行动，对违建中的特殊用户提供临时用电服务；积极与停电用户及政府沟通，明确拆除后用户的电费交纳事宜。

- **兼顾拆后需求点，提供优质服务。** 开辟接电绿色通道，做好拆违用户异地重建后的接电需求与用电服务；待政府完成全部拆违工作，再次派人员至现场开展用电安全检查，防范安全隐患；对接政府规划部门，为拆违地区后续经济社会发展提供坚强的电力供应。

工作成效：

- **配合停电促使群众用电安全水平大幅提升。** 2017 年，国网上海市电力公司涉及违章用电诉求下降 68.9%；违章用电引起的低电压故障下降 83.4%。

- **协助政府开展文明城区建设改善社会环境。** 累计配合政府拆除违章建筑超过 8531.84 万平方米，消除违法用地 14286.4 亩，整治污染源 2440 处，关闭查处违法经营企业 11633 家，供电公司未发生因拆违造成严重纠纷或冲突。

- **促使落后产业转型升级提升经济发展水平。** 供电企业通过配合政府进行违章建筑整治，帮助地方政府有效增加土地，改善城市环境，为产业转型发展提供了坚强保障。

- **改善产业结构实现增供扩销多方共赢。** 通过违章建筑整治工作推进，高新技术产业和高端服务业的增长有效提高了地区经济价值水平。供电公司实现了增供扩销和规范用电，达到了多方共赢的互利局面。

电网建设项目环评工作不合规风险管理方案

风险描述与分析

对电网建设项目开展环境影响评价是法定的必要程序，也是获得建设审批权的重要环节。但在实际操作过程中，受各方面影响，电网建设工程的环境影响评价工作尤其是其中的公众参与程序存在敷衍塞责、流于形式等不合规现象，给后续的项目审批以及工程建设埋下隐患。

风险发生条件

该风险来源于供电企业自身、环评单位以及居民等多方面因素：

供电企业自身——对环评工作不重视，视环评为走过场，提供修正包装过的项目资料给环评单位评估。

环评咨询机构——本着为甲方服务的立场开展环评工作，敷衍应付，并没有真正调查当地居民的意愿或对当地居民的真实意愿进行了很大程度的歪曲修改。

受影响居民——受影响居民对项目存在较大的抵触，难以通过沟通协商达成一致意见，这也是项目环评采取不合规做法的原因之一。

风险发生概率

在先建后批、边建边批盛行的大环境下，电网建设项目的环评不合规操作的情况较为普遍，发生概率较高。

风险发生后果

对于本身具有较大环境影响的项目，如果居民真实意愿诉求未得到尊重和表达，容易给项目后期进展带来隐患，发生工程阻工等恶性事件，给供电企业和环评单位带来严重的负面影响。

风险管理方案

对电网建设项目环评工作不合规风险的管理主要采取风险控制的策略，加强监督和主动参与，创新和拓展环评工作方法，提高环评工作的有效性。

对于公众参与等关键环节，供电公司应指派人员协同环评机构共同介入，通过与受影响群体面对面地沟通交流，及时回应公众对电网建设项目的疑虑担忧，共同商讨解决电网对周边环境可能带来的影响。

**主动介入公众
参与环节**

企业应建立专项工作组，密切配合环评单位开展环境影响评价工作，定期召开联系工作会议，商讨环评过程中发现的重要风险点或工作难点，尽量求真务实地解决环评中遇到的问题。

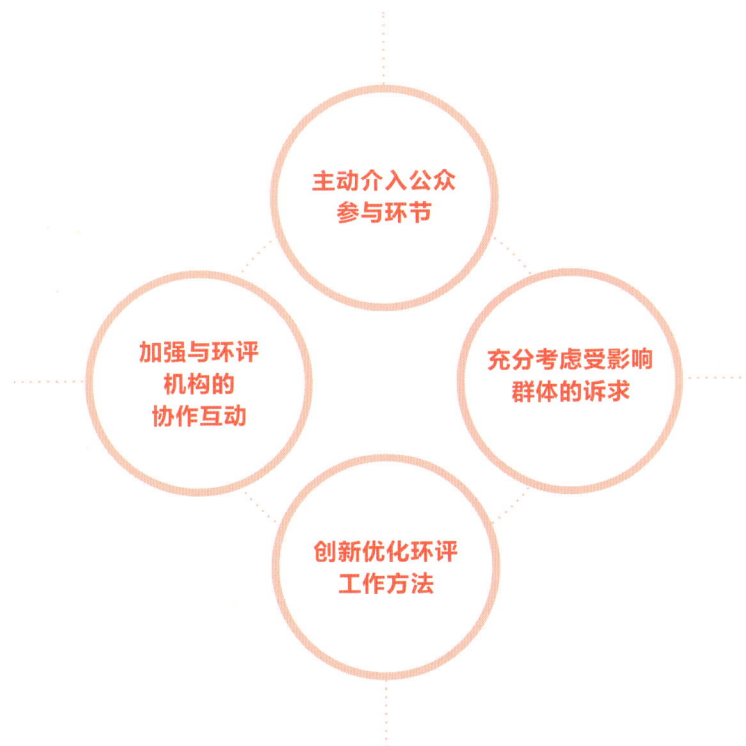

**加强与环评
机构的
协作互动**

**充分考虑受影响
群体的诉求**

将受影响群体的诉求意见在环评报告中充分考虑，制定切实可行的解决方案并监督执行，尽可能将电网建设项目对周边居民的环境影响降到最低。

**创新优化环评
工作方法**

引入社会责任理念和方法，对当前的环评工作机制和工作内容进行优化。例如：从利益相关方视角了解其关注点和诉求，增加相应的风险点评估；建立信息披露、诉求表达和协商机制，增强电网建设项目与利益相关方的互动性，让关键利益相关方参与到整个建设过程当中，及时缓解和控制潜在风险等。

电网建设项目环境和谐性评估创新

2015 年，无锡市委、市政府提出"迈上新台阶、建设新无锡"的发展要求，将转方式、调结构和生态文明建设放在更加重要的位置，奋力开创"四个无锡"和率先基本实现现代化建设新局面。面对无锡经济社会和各项基础设施建设呈现的跨越式发展态势，电网建设与改造力度也不断增强。

为保障建设项目在利益相关方支持下、在环境承载力条件下顺利完成，国网无锡供电公司在 2013—2014 年构建了"电网建设项目环境和谐性评估机制"，开发"五点三机制"社会责任根植方法，将利益相关方诉求纳入电网建设全过程；2015 年大力开展机制推广应用，聚焦开展和谐性评估机制的固化和社会化、带动外部参建队伍参与机制推广应用、系统化开展绿色环保施工等工作，选取 220 千伏藕塘变电站作为示范项目，整体运用"电网建设项目和谐性评估机制"，推动示范措施和取得成果的可视化、体验化。

工作举措

- 开展多元利益相关方诉求分析。系统梳理关键利益相关方及其主要关注点和风险点，确定风险等级，并将较高等级的环境影响降低、施工单位协作等作为 2015 年电网建设和谐性评估机制深化应用的重点。

- 完善建设项目和谐性评估机制。让关键利益相关方参与到整个建设过程当中，及时缓解和控制潜在风险，营造良好的社会舆论氛围，推进项目建设的科学高效绿色和可持续。

- 多元化培训深化机制推广应用。修订《国网无锡供电公司电网建设项目环境和谐评估暂行办法》，全面强化电网建设专业部门、领导干部和基层员工的风险防范意识、利益相关方沟通、有效管理利益相关方影响的能力和素质。

- 推进绿色施工实现系统化管理。制定供电公司绿色环保施工方案，开展"蓝天行动""宁静行动"两个专项行动，推动实现"四减（减尘、减排、减噪、减害）四节（节能、节地、节水、节材）一防（环境污染源头预防）"目标，高标准打造全寿命环境友好型工程。

- 以典型项目选树形成示范效益。将电网建设项目推行环境和谐性评估机制的做法、成效，以利益相关方可感知、可体验的方式进行展示，实现在同类项目运用的可复制、可推广，为行业提供借鉴。

工作成效

国网无锡供电公司通过实施社会稳定性评估、绿色环保施工等措施，降低了在建项目施工过程对周边居民和自然环境的消极影响。如宜兴变电站布置时考虑不破坏原有河道，尽量利用鱼塘的自然形状，与鱼塘平行布置，有效避免斜穿鱼塘对渔民造成影响。藕塘变电站在满足高土地利用率条件下采用紧凑型设计，占地面积仅 6 亩，远低于同规模变电站占地面积；临时用地占地面积 7 亩，比同规模变电站建设临时用地减少 30%。

工程选址与布线中的社会矛盾风险管理方案

风险描述与分析

在电网工程选址和布线过程中，由于工程与敏感目标距离过近或周边居民对工程具有较强的排斥抵触心理，从而引发对项目落地的抗议或阻工矛盾。

风险发生条件

内部条件：
- 电网规划人员对电网设计标准不熟悉，业务水平欠缺。
- 电网规划人员对工程线路沿线的社区、机构等敏感目标实地考察不足，切实影响到周边的生产与生活。
- 电网规划人员在项目设计之初与周边居民沟通交流不足。

外部条件：
- 周边居民对拟落地的电网项目存在强烈的抵触排斥情绪。
- 个别居民出于利益诉求故意刁难，漫天要价。

风险发生概率

电网工程选址布线过程中发生与周边社区矛盾的事情极为普遍，几乎每个电网建设项目或多或少都会面临类似的问题，属于高概率风险。

风险发生后果

由于视觉、心理等各种影响导致居民环保投诉；给项目进展带来隐患，可能发生工程阻工等恶性事件，给供电公司和环评单位带来严重的负面影响。

风险管理方案

对于电网选址与布线中的社会矛盾问题，应对的策略应是风险规避与风险控制相结合。优先选择风险规避，在确实找不出更好的替代方案的前提下，尽可能将风险控制到最小。

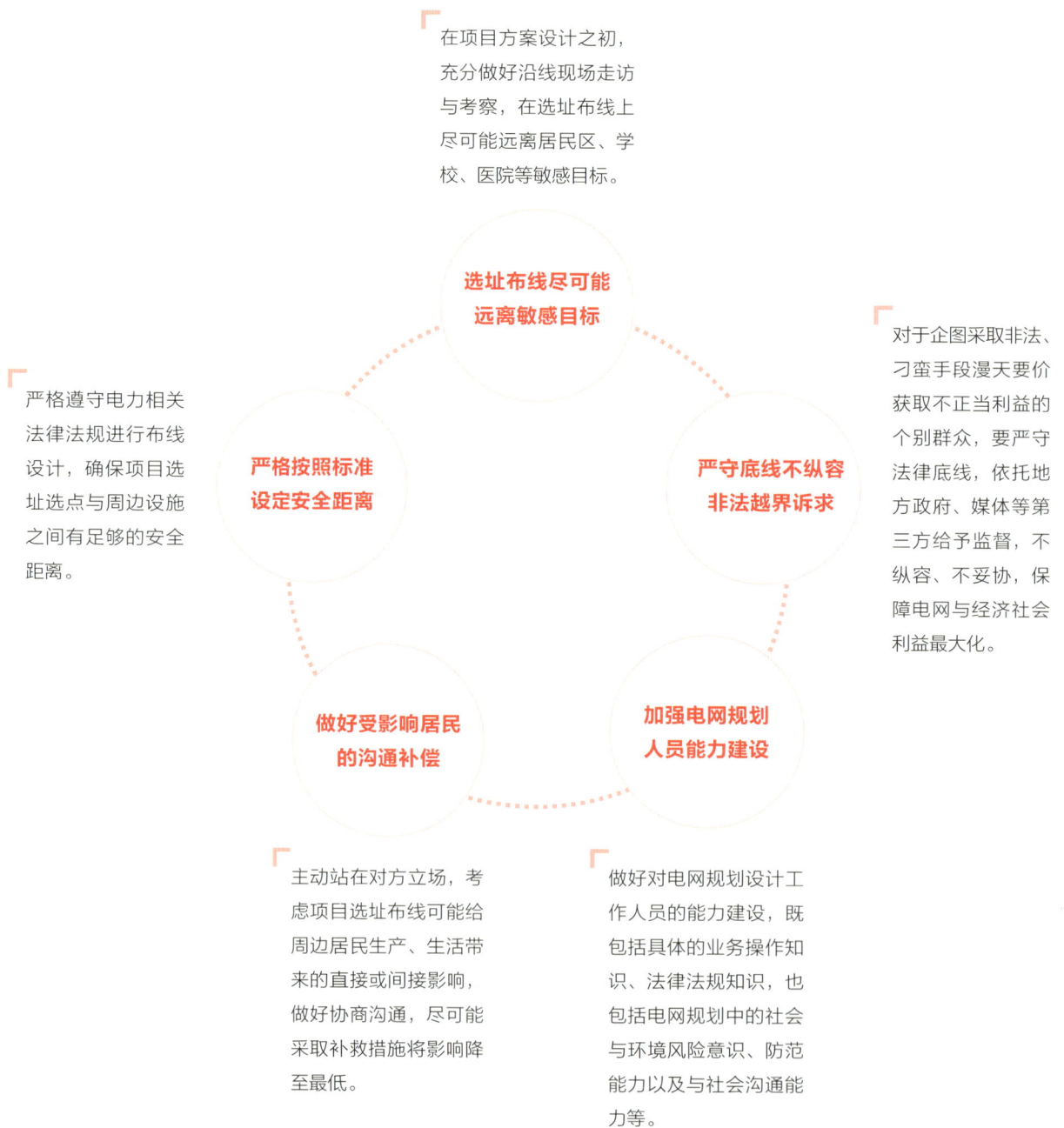

在项目方案设计之初，充分做好沿线现场走访与考察，在选址布线上尽可能远离居民区、学校、医院等敏感目标。

选址布线尽可能远离敏感目标

对于企图采取非法、刁蛮手段漫天要价获取不正当利益的个别群众，要严守法律底线，依托地方政府、媒体等第三方给予监督，不纵容、不妥协，保障电网与经济社会利益最大化。

严格遵守电力相关法律法规进行布线设计，确保项目选址选点与周边设施之间有足够的安全距离。

严格按照标准设定安全距离

严守底线不纵容非法越界诉求

做好受影响居民的沟通补偿

加强电网规划人员能力建设

主动站在对方立场，考虑项目选址布线可能给周边居民生产、生活带来的直接或间接影响，做好协商沟通，尽可能采取补救措施将影响降至最低。

做好对电网规划设计工作人员的能力建设，既包括具体的业务操作知识、法律法规知识，也包括电网规划中的社会与环境风险意识、防范能力以及与社会沟通能力等。

特高压项目选址布线的"诸暨"样本

2014 年，宁东—浙江 ±800 千伏特高压直流工程绍兴换流站落户诸暨，这是诸暨有史以来最大的电力建设工程。如何让项目顺利落地，是摆在国网诸暨市供电公司面前的一道难题。国网诸暨市供电公司牢固树立社会与环境风险意识，在换流站选址、路径选择、设备选型、工程设计等各个环节均导入利益相关方视角，从源头上减缓工程的社会与环境影响。

应对举措

• **多次更改方案尽量远离敏感目标。** 对换流站的选址多次修改项目方案，最终将换流站安置在凹形山体中，与周边居民形成天然屏障；在路径选择上，降低输电线路对学校、居民区、农田及城镇规划的影响，避开风景名胜区、森林公园等生态敏感区域。

• **工程选型与设计注重环境友好。** 在设备选型上，在保证工程质量的前提下尽量选择节能降噪、节约占地的环保型设备；在工程设计上，采用同塔双回、同塔四回架设，塔基深埋等多种手段，降低线损及对土地的占用。

• **竭力做好利益相关方参与。** 对规划设计中每个文件、每个方案都充分认真听取沿线政府、环保、规划、城建、林业、航空、军事等部门及沿线受影响群众的意见，不断对项目进行微调，直到项目的社会环境影响降到最低为止。

工作成效

项目按施工既定计划顺利推进，没有发生大的投诉或群体性阻工事件。利益相关方对特高压建设表示理解和支持。国网诸暨市供电公司有效加快特高压诸暨段工程整体建设进度的做法也得到了诸暨市委市政府通报表彰。

电网建设项目土地征拆引发社会风险管理方案

风险描述与分析

电网建设项目有可能涉及土地的征地与拆迁，这部分政策处理工作容易因为居民拆迁意愿不高、赔偿达不成共识、赔偿工作不到位等，引发居民对工程的抵制，甚至形成群体性事件。

风险发生条件

- 电网规划人员在规划选址时，对需要征拆区域的经济社会现状、当地民风素质、既往拆迁历史遗留问题等了解不足。
- 电网规划人员在项目选址、征地拆迁程序中，过于注重对地方政府的依赖，与当地民众沟通交流不足。
- 居民不愿意改变当前的生活或对赔偿标准没有达成一致，存在强烈抵触情绪，搬迁意愿较低。
- 由于个别地方政府在以往征拆地过程中存在腐败等历史遗留问题，导致电网项目的政策处理工作受阻。
- 个别居民出于利益诉求故意刁难，拒绝搬迁，漫天要价。

风险发生概率

土地拆迁问题是中国当前面临的最为棘手和普遍的问题之一，电网建设项目中因为征地拆迁引发的社会矛盾风险也较为常见，且社会影响面较大，属于易发风险。

风险发生后果

不仅影响电网建设项目的顺利落地和推进，还可能引发更大的群体性事件，影响社会的稳定、和谐以及企业与政府的品牌形象和声誉。

风险管理方案

对于电网项目征地拆迁可能引发的社会风险，应对的策略应是风险规避、风险控制与风险分担相结合。优先选择风险规避，在找不出更好的替代方案的前提下，尽可能将风险控制到最小，并且寻找与风险有密切关联的第三方分担风险的发生。

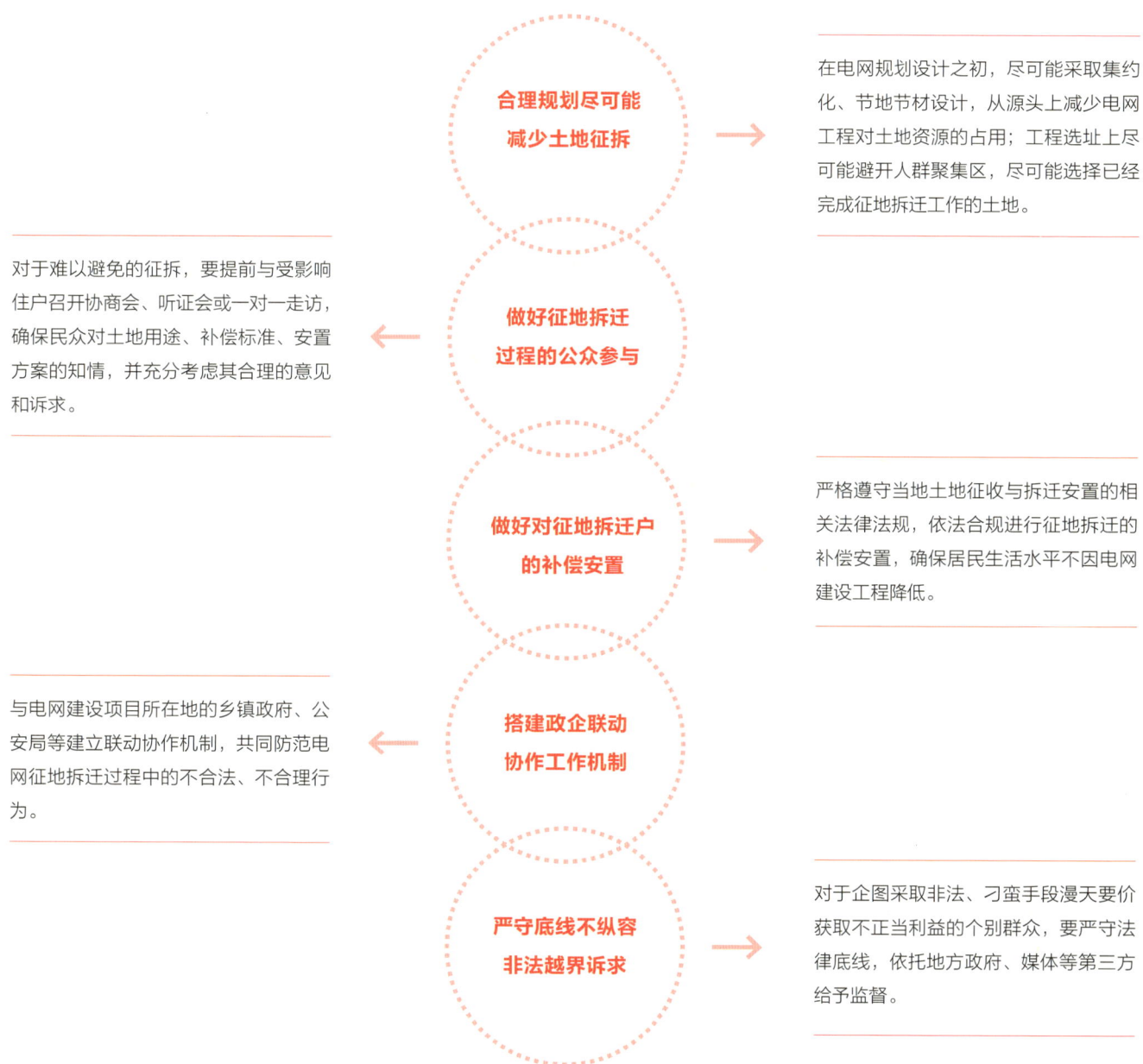

合理规划尽可能减少土地征拆 →

在电网规划设计之初，尽可能采取集约化、节地节材设计，从源头上减少电网工程对土地资源的占用；工程选址上尽可能避开人群聚集区，尽可能选择已经完成征地拆迁工作的土地。

对于难以避免的征拆，要提前与受影响住户召开协商会、听证会或一对一走访，确保民众对土地用途、补偿标准、安置方案的知情，并充分考虑其合理的意见和诉求。
← **做好征地拆迁过程的公众参与**

做好对征地拆迁户的补偿安置 →

严格遵守当地土地征收与拆迁安置的相关法律法规，依法合规进行征地拆迁的补偿安置，确保居民生活水平不因电网建设工程降低。

与电网建设项目所在地的乡镇政府、公安局等建立联动协作机制，共同防范电网征地拆迁过程中的不合法、不合理行为。
← **搭建政企联动协作工作机制**

严守底线不纵容非法越界诉求 →

对于企图采取非法、刁蛮手段漫天要价获取不正当利益的个别群众，要严守法律底线，依托地方政府、媒体等第三方给予监督。

让配电设施改造入村不再难

加强加快乡村增容改造是供电企业履行社会责任、增强社会满意度的一项重要措施。但在进行村配电设施改造时，因与政府、用户、社区、乡镇、村委会等利益相关方产生多重关系，受外部环境的制约较大，同时在以往的改造施工过程中，因沟通不畅等各种原因，导致施工受阻，配电设施选址、落地难等问题时有发生。国网邯郸供电公司探讨引入利益相关方管理，识别和回应利益相关方的不同诉求，探寻解决配电改造入村难问题，达到政府、企业、村民和谐共赢发展。

工作举措

- **开展对社会关注度分析**。通过网络检索、投诉及信访三个方面，把握社会舆论热点和利益相关方各自诉求，了解配网建设外部环境未来冲突发展的趋势，分析发现配电工程改造项目在社会上具有较高关注度，且配电网建设外部环境未来冲突发展趋势愈发严峻。

- **开展核心利益相关方主要特征分析**。通过对武安、馆陶、永年三个县中存在施工受阻较重的三村村民进行调研发现，村民掌握项目信息不充分、受教育程度低、收入偏低等因素是导致配电网建设冲突的主要原因。

- **开展利益相关方关系分析**。发现造成电网建设外部环境越来越复杂的主要原因体现在供电公司、基层组织和当地村民之间的利益群体关系越来越复杂，冲突和矛盾越来越多。

工作成效

- **形成了助力电网发展的良好政策环境**。促成邯郸市发展改革委下发《关于加强邯郸市电力行业规划研究工作的批复》的文件。

- **有效缓解电力设施改造入村难问题**。通过建立各利益相关方合作共治机制，创新优化内部流程和管理，实现了电网建设外部环境各利益相关方的共赢。

- **建立了利益相关方常态沟通、合作机制**。在配电工程改造过程中，积极寻求利益相关方参与合作，强化"政企"配合工作机制，发挥村委、村党支部的主动性和能动性，建立联席协调机制，达到多方共赢的目的。

- **提升了客户满意度和企业品牌形象**。城市配电网投诉率明显下降，2015 年共计处理投诉单 1328 起，同比降低 47.68%，降幅居河北南网第一。

表后服务责任主体缺失引发社会矛盾风险管理方案

风险描述与分析

根据《供电营业规则》规定，"供电设施的运行维护管理范围，按产权归属确定。"通常从电能表到居民室内的电网，其维护管理需由居民或小区物业自行负责。对于缺乏物业管理的小区，表后服务往往找不到管理主体，一旦发生停电等故障，容易引发矛盾纠纷。

风险
发生条件

- 缺乏物业管理的弃管小区或开放式老旧居民楼数量过多。
- 居民对电网设施维护管理的产权分界认识不足，认为凡是电的问题都应该找供电公司且对有偿的表后服务不能接受。
- 来自社会侧的表后服务资源和技能跟不上实际需求。
- 供电公司对表后服务完全撇清关系，没有给予必要的支持。

风险
发生概率

表后服务问题引发的社会矛盾也是供电企业时常面临的风险。据统计，每年供电公司收到的故障申报中属于表后故障的比例占到45%以上，表后故障回访不满意达55.22%，风险发生概率极高。

风险
发生后果

受表后服务缺失影响的居民多半为居住条件较差的社会底层和弱势群体。这部分群体的用电不仅仅是服务问题，更是民生问题。一旦发生风险，不仅可能让居民的生产生活与人身安全受到影响，也会让供电公司以及地方政府遭受负面的舆论影响。

风险管理方案

表后服务主体责任缺失带来的社会问题尽管从法律上来讲，无须供电企业承担任何责任。但是，受制于表后服务问题的民生特点及电力特性，作为公共服务型企业的供电公司需要将此列为其考虑的风险点，采取风险控制与风险分担的应对策略，积极管理该类风险。

构建合法、合理、合情的履责边界

从社会责任角度出发，对供电公司在解决表后服务问题上制定合法、合理、合情的履责边界，列出详细的清单，针对不同客户、不同故障情景制定差异化的处理解决方案，既避免一刀切地将责任推卸给用户自身，也规避出现过度服务的情况发生。

提高居民大众对产权分界的理解

依托 95598 客户服务平台和日常的社区共建活动，加大对电力设施产权分界法律常识的推广和普及，提高居民对产权分界的理解，正确处理表后故障报修。

培育第三方力量参与表后服务

依托市政服务部门、纳入广大社会电工的力量，建立具有常态化运作机制的第三方机构专项负责解决居民的表后用电故障。供电公司发挥指导、培训和协助的作用。

主动关怀特殊困难群众的用电问题

对于个别极困难特殊群众，依托供电公司党员服务队等志愿者组织和当地的慈善机构，主动关怀特殊困难群众的用电问题，对老旧电力线路等进行改造升级，预防表后故障的发生。

"电工鲁师傅"化解客户表后服务矛盾

表后服务是引发供电企业与客户之间矛盾冲突的一项长期性、普遍性难题。对表后用电故障的维修通常由用户所在的物业管理部门负责。但是对于一些缺乏物业管理的弃管小区、开放式老旧居民楼等，表后服务往往找不到管理维护的主体。居民通常将维护的责任推卸到供电企业身上，引发与供电企业之间的矛盾和纠纷，不仅影响客户的用电品质，也损害供电企业的社会形象。

工作举措

国网绍兴供电公司推出"电工鲁师傅"服务品牌，旨在整合电力抢修、用电宣传、培训咨询、公益服务等功能，解决客户的表后服务矛盾，为绍兴广大居民提供更加贴心、亲民的用电抢修与服务。

- **提出三项基本原则，规范履责边界**。以客户服务为中心，在尊重产权的前提下，对电力抢修中涉及表后故障的工作标准进行了适当的修改，提出了表后服务的三个基本原则：即"可为""不可为"和"不可不为"原则。制定详细的表后服务操作清单，将哪些故障可以免费提供维修、哪些不可擅自维修等都清楚成列，便于抢修人员在工作中遵照执行。

- **创新鲁师傅工作法，提升客户沟通技巧**。开发出"电工鲁师傅沟通技巧"，在抢修班组中进行内部培训和推广，共计开展内部培训 13 次，涉及班组员工 320 人次，提升电力抢修班组应对表后服务难题的工作技巧和沟通水平。

- 与 96345 便民服务平台建立合作，为该平台上有资质的社会电工提供培训和指导。自鲁师傅品牌成立以来，已经面向社会电工开展 12 期的电工培训，培训人数达 840 人，培训内容包括低压配电线路的设计、运行、维护、故障抢修处理及安全等。

- **搭建沟通协调机制，壮大表后服务的社会力量**。96345 实现与 95598、抢修班组之间的有效对接，相应的表后故障工单可在客户允许的情况下转接到 96345。根植"普惠共享"理念，提高表后服务的客户认知：依托微信公众号，宣传居民安全用电常识，开展现场咨询服务，提升居民表后故障应对能力。

工作成效

- 提高了客户应对表后故障的能力和满意度。
- 减轻了供电企业处理故障和客户投诉压力。
- 形成了优势互补资源共享的电力市场生态。
- 营造了多方共赢互助互持的和谐发展环境。

未能及时防范线路附近的违章作业风险管理方案

风险描述与分析

暴露于公共空间中的电力设施，因为周边存在不合规、不标准的施工操作等违章作业行为，造成电力设施遭到破坏，引发电网跳闸、停电甚至触电等风险，给利益各方带来生产与财产损失。

风险发生条件

- 供电企业对暴露于公共空间的电力设施的安全警示标识配置不足或不明显。
- 施工单位的施工操作人员缺乏在电力设施附近安全操作的经验或意识，操作范围超过了电力设施的安全距离。
- 供电企业运检维护工作不力，或与其他机构之间没有建立共同防范公共设施破坏的有效沟通协作机制。
- 公共设施规划建设不合理增加后期运维中交叉破坏的概率。

风险发生概率

在供电企业统计的每年电网跳闸停电事故中，排名第一的通常都是不合规的施工作业导致的外力破坏。随着城市建设步伐的加快，这样的风险发生概率还在继续提升。

风险发生后果

电力设施附近违章作业不仅可能导致电力设施被破坏，引发突发性停电事故给线路涉及的客户生产生活带来损失，还可能造成施工作业人员及设备本身的触电安全事故。

风险管理方案

电力线路附近发生违章作业的情况往往是由供电企业难以预知、难以控制的外部人员造成的，因此，对该类风险的应对策略应以风险分担和风险控制为主。

加强对电力设施安全警示标识的设置

做好对电力设施安全警示标识标牌的设置，在标牌上要注明电力设施详细的位置信息、施工作业危险提醒以及沟通联络人员的联系方式等。

与其他公共设施管理机构建立合作防控机制

联合城市建设、交通、供水、燃气、通信等公共部门，建立公共设施保护的合作机制，及时共享设施位置与施工作业信息，相互监督与配合，减少公共设施交叉破坏的情况。

引入社会监督共同保护电力设施

加强对电力设施保护的公众宣传，让更多民众知晓电力设施附近施工作业的风险，第一时间向供电公司举报违章作业信息。

为该类风险购买保险，赔偿风险发生带来的损失

购买第三方保险，在风险发生造成客户停电等经济损失的情况下，由第三方保险公司负责赔付，降低供电公司自身的经济损失。

合理规划公共设施建设，从源头规避风险

采用廊道式等先进设计，更清晰合理地规划各类公共设施的布局，做好设施之间的间隔与屏障。同时，合理安排施工工期，尽可能协同检修，减少反复开挖带来的对公共设施的破坏。

N+1 多方协同合作，破解公共设施保护难题

随着2012年第十二届全国运动会在沈阳举办，沈阳的城市建设呈现井喷式发展。地铁、高架桥等基础设施大量铺设与施工，让建设区域内的公共设施管线时常面临新建、迁移、检修等任务。施工作业引发的公共设施交叉破坏问题成为一大顽疾，不仅供电公司多次出现电缆线路跳闸等问题，供水、煤气、热力等多家单位也面临同样的困境。国网沈阳供电公司以开展2016年社会责任根植项目为契机，以南北二干线建设为突破口，系统梳理和反思公共设施破坏顽疾背后的深层次原因和动力机制，充分整合与调动各方资源，探索解决公共设施破坏问题的长效机制，更好地服务沈阳市的城市发展与居民生活质量。

工作举措

基于沈阳地区公共设施保护问题存在的信息盲区、意识弱区、沟通误区和机制雷区等问题，将社会表达、社会沟通、共享合作等社会责任管理方法根植到对公共设施保护的工作中，通过改进沟通策略提升各利益相关方协作的意愿和动力，规范沟通流程形成公共设施综合治理、齐抓共管的协作机制，创新沟通渠道实现公共设施建设运维信息的即时共享和交流，改变公共设施各自为政、互相破坏的顽疾，形成信息共享、责任共担、持续运转的公共设施保护良性生态。

- **注重社会表达，达成各方合作的利益认同。** 2016年4月，供电公司在沈阳市城管局的牵头带领下，与各公共设施部门签订公共设施防护合作协议书，初步搭建起公共设施保护齐抓共管的合作局面。

- **建立N+1公共设施保护组织体系。** 推动政府出台多个制度文件，提升公共设施保护的制度化管理水平，并以南北二干线所在的沈河区为试点，确保各工程建设顺利实施。

- **搭建N+1公共设施统一管理平台。** 沈河区由政府、城管局、96125平台、供电公司及各公共事业单位组成了公共设施统一管理平台，寻找施工最优方案，创建合作共赢的良好局面。

- **畅通沟通渠道，形成常态化实时信息共享机制。** 运用新媒体工具，以南北二干线所在的沈河区为试点，联合政府与各公共事业部门，建立公共设施保护微信群，实时共享施工信息。

工作成效

- **切实降低公共设施破坏现象，保障了人民生产生活。** 各利益相关方以沈河区为试点，建立了责任清晰、多方联动、全面覆盖的公共设施保护体系。

- **有效提升各公共事业部门的履责水平和品牌形象。** 通过N+1多方协作平台开展公共设施保护，实现了社会公共服务质量与水平的全面提高。

- **形成跨界合作推动实现社会公共管理的新跨越。** N+1多方协作平台有效联合各个公共事业单位，实现了公共设施单位之间的互通，政府与企业的联动。

供应链社会责任危机事件风险管理方案

风险描述与分析

供应链社会责任危机事件是指来自供电企业上游供应商的不负责任的行为或事件，包括产品质量问题、环境污染问题、安全生产问题、劳工问题及合规问题等。这些事件会间接引发供电企业对社会和环境造成负面影响或受到社会舆论的指责。

风险发生条件

- 供应商自身内部管理存在问题。
- 供应商对安全、环保、劳工等社会责任方面缺乏重视。
- 供电企业对上游供应商监管乏力。
- 供电企业在招投标上忽略供应商在社会责任方面的表现。
- 供电企业招投标过程本身存在违规腐败。

风险发生概率

随着社会公众对供应链社会责任的关注和对产品源头的责任追溯，来自供应链的社会责任危机事件正在成为众多大企业日益头疼的问题。国家电网有限公司已经发生多起因供应商产品质量问题导致的电网故障与停电事故，风险发生概率较高。

风险发生后果

供应链一旦发生问题，可能因设备质量问题引起电网故障或停电事故；可能因劳动纠纷造成设备不能按时供应影响电网正常运行；也可能因环保、腐败问题让供电企业遭受舆论的指责等。

风险管理方案

造成供应链社会责任危机的责任主体主要在供应商本身，供电企业难以进行彻底的控制。对于该类风险，应对策略应以风险控制和风险分担相结合，一方面加大对供应商的监管力度和能力培育，另一方面通过购买保险等方式让来自供应链的损失能够由第三方进行赔付。

- 制定物资管理监察管理办法，重点加强物资抽检和监造，提高产品质量。
- 制定供应商绩效管理细则，将供应商在安全生产、环境保护、劳工责任等方面的绩效表现纳入筛选标准。
- 制定供应商不良行为处理管理细则，对不达标的供应商或在招投标过程中出现寻租腐败的供应商坚决予以取缔。

加强对供应商的监管

促进供应商管理水平与履责能力提升

划清责任边界或购买第三方保险实现风险分担

将社会责任纳入供应商能力建设的长效机制，通过提供培训、开发指引指南、实施持续改进项目等多种方式，促进供应商改善自身的管理水平与社会责任实践。

- 在采购合同中厘清责任边界，对于因供应商问题导致电网停电给客户造成的损失，由供应商承担相应的责任。
- 购买第三方保险，对因供应商问题造成的电网停电给客户造成的损失，在供应商难以兑付责任的情况下由保险公司赔付。

打造绿色供应链，推动绿色产业制造

"绿色供应链"是绿色制造的核心内容，也是优化现代企业管理的重要工具。2017年初，南瑞集团上海置信碳资产管理有限公司抓住国家推广绿色制造的契机，在行业内率先开展"绿色供应链"管理，引导上下游供应链企业履行社会责任的同时优化南瑞集团现代企业管理。

工作举措

选取南瑞集团上市公司"置信电气"作为首个实施单位，将"绿色供应链"管理理念纳入企业发展战略和规划，打造国家电网有限公司系统内首个绿色供应链管理体系。

- **针对上游供应商的绿色供应商环境低碳审核**

根据国际标准 GSCP《全球企业社会责任准则》对供应商进行环境审核并提出优化改进建议，通过培训并督促供应商改进环境绩效，帮助整个供应链实现绿色化的目标。共与置信电气 5 家供应商签订了环境低碳审核合同。

- **针对中游即置信电气的绿色供应链管理体系**

启动"携手合作伙伴共建绿色供应链"活动，基于上游供应商的环境绩效审核的结果，提出置信电气自身的绿色供应链管理体系规范，包括供应商环境绩效分级方法、绿色供应商数据库、置信电气绿色供应商激励机制建议书等。

- **针对下游的资源回收体系建设**

就旧配电变压器问题开展集约化绿色循环回收综合利用模式和新型绿色回收体系的可行性研究，并建立置信电气配电变压器的追溯计划，使企业在产品报废处理的阶段也能实现经济活动与环境保护的共赢。

- **全产业链绿色供应链能力建设**

提升全产业链过程中员工的环保意识，开展上游供应商的环境绩效标准解读和针对企业自身的绿色供应链培训，召集开展审核的 5 家供应商，进行针对性的供应商环境和低碳能力建设。

工作成效

- **带来新的业务模式**。开拓了供应商环境低碳审核、企业碳披露、产品碳足迹评估、培训等一系列新增业务，增加新兴业务收入。

- **形成绿色竞争力**。通过对供应商开展绿色供应链管理，可以加强集团与各供应商的紧密合作，有效避免由于供应商因环境问题造成供货中断而对集团造成的影响，提升集团的绿色制造竞争力。

- **引领行业可持续发展**。南瑞集团是国内电力装备制造的龙头企业，通过打造绿色供应链，带动上下游企业绿色发展，在行业内发挥了重大的示范和引领作用。

业扩报装中的腐败风险管理方案

风险描述与分析

业扩报装过程中工作人员违反"三个十条"和用户受电工程"八个不准"工作要求，违反职业操守和业务规范，为"吃拿卡要"而人为设置障碍、收受用户钱物、接受用户宴请等腐败行为，给用电市场的公平公正以及供电公司品牌声誉带来负面影响。

风险发生条件

内部条件：

- 工作人员服务意识淡薄，缺乏职业操守。
- 供电公司协同监督管控不到位。
- 当前业扩报装流程透明度不够，存在寻租腐败空间。

外部条件：

- 经济快速发展，业扩报装需求旺盛，供给跟不上需求。
- 个别用户为加快自身业扩报装时效主动采取寻租等违规行为。

风险发生概率

供电企业每年办理业扩报装业务高达上万起，业扩报装中的腐败风险成为电网防范廉政风险重点关注内容，发生概率较高。

风险发生后果

- 发生拖延业扩报装用户接电时间，造成用户经济损失。
- 损害供用电市场的公平公正，形成恶性循环。
- 带坏供电公司队伍风气，给企业形象带来严重负面影响。

风险管理方案

对于该类风险，企业将主要采取风险控制策略，从完善机制、找准风险、系统管控三方面推进业扩报装廉政风险防控体系建设。

开展"违反客户受电工程'八个不准'专项治理"，建立专业协同、市县联动的客户经理廉政风险防控机制；明确主体责任和监督责任，形成业务部门为主牵头实施、监督部门配合指导督查的总体格局。

从教育、制度、监督、查纠入手，提出客户经理竞聘上岗制、岗前承诺公示制、区域动态交换制、分段随机派工制、绩效考核激励制和供电方案标准化、优化方案个性化、业扩方案评价星级化、办电效率监控全程化、行风督察动态化的"五制五化"工作思路。

完善机制
明确责任

找准风险
优化流程

系统管控
源头治理

- 从业扩流程优化入手，分层分类梳理客户经理岗位权责清单。围绕独立踏勘、方案制定、审图把关、竣工验收、装表送电等业扩环节，梳理查找廉政风险点。

- 将"方案审批、方案制定、设计审核、中间检查、通电验收、客户服务"六环节廉政风险点与"服务欠缺引投诉、泄露信息得实惠、放任缺陷谋私利、设置障碍索好处、利用职权'三指定'"五个方面违规行为进行经纬度风险等级分析，为制定具体客户经理廉政风险防控机制提供依据。

"阳光 N 次方"让办电又快又好

2015 年，国网杭州市萧山区供电公司受理电力业扩报装项目 929 个，同比增长 13.5%。但传统业扩报装效率却不能满足需求增长，客户对业扩办电的满意度低下。调研发现，客户负责环节耗时偏长是整体业扩报装周期过长的直接原因。因此需要让客户了解流程，打破业扩办电"黑箱"现象，明确责任主体的职责，寻求整体解决方案的承担者，让业扩报装在阳光下进行。

工作举措

国网杭州市萧山区供电公司提出"阳光 N 次方"行动，按照数学原则的次方递进原理，层层推进社会责任根植业扩办电的各项举措，构建可持续业扩报装生态圈。

- "1 次方"：树立责任边界理念，明确业扩效率低下问题原因和责任主体。从利益相关方视角出发，通过线下跟踪计划和线上跟踪平台双轨同步，为利益相关方提供定制化的线下全过程实施方案和可视化的线上跟踪方案，提供整体解决方案，理清业扩报装过程的责任边界，解决客户以往由于不明确各环节责任边界导致的业扩过程拖沓问题。

- "2 次方"：树立透明运营、合作共赢理念，整合资源解决业扩效率低下问题。通过建立 365 业扩体验室，为客户、设计方、施工方、土建、安装商等提供专业方案指导建议，通过利益相关方沟通促进业扩各流程实现无缝对接，大幅度提升业扩报装效率。

- "3 次方"：树立可持续发展理念，实现业扩生态圈的多方共赢。通过编制为客户提供业扩各环节报价指导的"业扩公平秤"，实现供电企业从价值链单个环节参与者到价值链整合者的转变，推动业扩报装效率提升与社会价值创造，完善可持续发展的业扩自组织生态系统。

工作成效

- 业扩报装时间大大缩短、效率明显提升。2015 年专用变压器客户业扩报装时间 75 天，比 2014 年缩短了 27 天。

- 业扩报装涉及利益相关方责任明确、各司其职。客户、设计商、土建商等能够按照整体时间进度完成自己的工作任务。

- **实现利益相关方多方共赢。**业扩报装效率的提升为企业客户带来了更大经济利润。设计商和土建商返工率大幅下降，节约成本。

- **缓解了经济发展用电需求难题。**2015 年萧山区业扩报装 929 个项目，累计增加供电容量 133.5 万千伏安，同比增长 31.74%，直接带动 354 个大型招商引资项目落地实施，为地方政府累计创造经济产值达亿元以上。

- **推动环境效益的提升，推动清洁能源的推广和国家电网"电能替代"工作的深化。**2015 年国网杭州市萧山区供电公司退工 142 家企业客户开展业扩报装项目，替代原有的燃煤、燃油、燃气项目，共计实现二氧化碳减排约 1.25 万吨。

- **实现供电业扩报装服务的风清气正。**打破以往部分供电企业客服关键岗位存在的廉政风险，在源头上堵住基层电力服务职务犯罪的"出血点"。

05 TOOL APPLICATIONS
工具应用

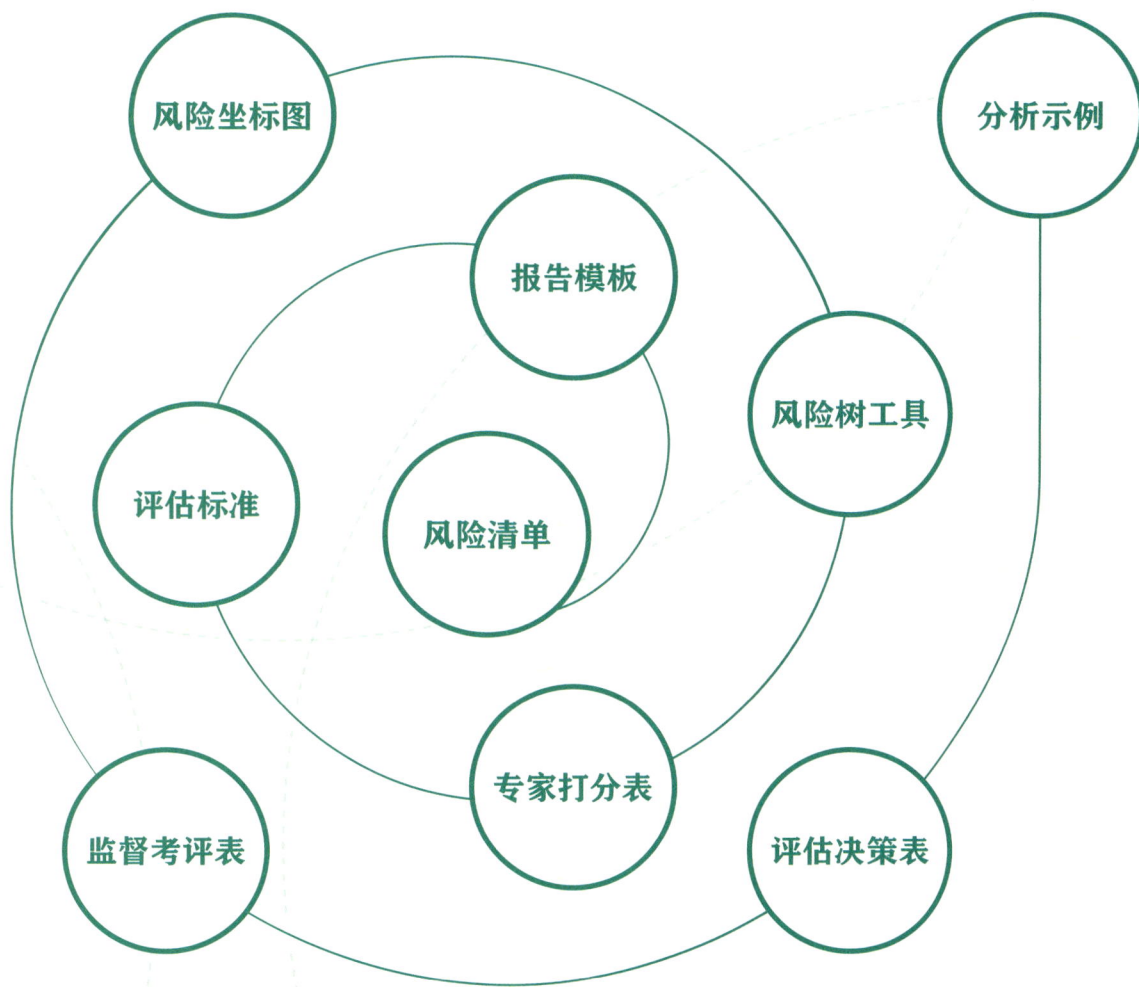

供电企业社会与环境风险清单

编号			内容
GH-SE-01	电网规划	规划编制	电网规划与国家产业政策或专项规划不符
GH-SE-02			电网规划与地方政府规划衔接不当
GH-SE-03			负荷预测与实际存在较大偏差
GH-SE-04			电网规划不能适应未来清洁能源、分布式电源或微电网接入
GH-SE-05		可研论证	工程选址和布线与周围敏感目标距离不符合要求
GH-SE-06			项目建设用地不符合因地制宜、节约用地总体要求
GH-SE-07			未充分论证和预防电网对周边环境产生的影响
GH-SE-07-01			——未充分论证和预防电网对周边电磁环境的影响
GH-SE-07-02			——未充分论证和预防电网对周边声环境的影响
GH-SE-07-03			——未充分论证和预防电网对自然景观的影响
GH-SE-07-04			——未充分论证和预防电网对水土保持的影响
GH-SE-08			环评中的公众参与工作不合规
GH-SE-09		工程设计	电网设计建设标准低于抗自然风险能力
GH-SE-10			设备选型不合理、不可靠
GH-SE-11			线路在合规条件下的跨房设计
JS-SE-01	电网建设	土地征拆	土地征拆过程不合规
JS-SE-01-01			——未征求公众意见
JS-SE-01-02			——补偿金额不符合当地标准
JS-SE-01-03			——补偿资金未落实到户
JS-SE-01-04			——发生强拆
JS-SE-02		工程施工	工程建设程序与操作发生违规
JS-SE-02-01			——工程未批先建
JS-SE-02-02			——施工过程中发生质量违规
JS-SE-02-03			——施工过程中发生安全违规
JS-SE-03			工程建设造成对周边环境的破坏
JS-SE-03-01			——造成较大的施工扬尘
JS-SE-03-02			——机械噪声扰民
JS-SE-03-03			——固体废弃物处置不当
JS-SE-03-04			——施工污水处置不当
JS-SE-04			工程建设影响周边的正常生产与生活

续表

JS-SE-04-01	电网建设	工程施工	• ——造成周边停水
JS-SE-04-02			• ——造成周边停电
JS-SE-04-03			• ——发生交通拥堵
JS-SE-04-04			• ——施工过程与周边群众宗教、习俗、文化生活产生冲突
JS-SE-04-05			• ——施工队伍对项目所在地社会治安和公共安全带来隐患
JS-SE-05		设备进场安装	• 大件设备进场对沿线设施带来损坏
JS-SE-05-01			• ——造成道路及桥梁损坏
JS-SE-05-02			• ——造成沿线路灯、广告牌、通信设备等设施的损坏
JS-SE-05-03			• ——造成运输附近房屋地基塌陷
JS-SE-06			• 设备安装违反质量安全规定
JS-SE-07		工程验收交付	• 工程验收违反质量安全规定
JS-SE-08			• 临时用地复垦工作不到位
JS-SE-09			• 项目试运行发生停电事故
JS-SE-10			• 工程交付发生信息遗漏
SY-SE-01	电网运行	运行调度	• 运行过程发生大面积停电事故
SY-SE-02			• 运行调度未遵循"三公原则"
SY-SE-03			• 有序用电方案制定不合理
SY-SE-04		重大保电	• 迎峰度夏期间运行不当造成缺电
SY-SE-05			• 重大活动保供电发生故障
SY-SE-06		绿色调度	• 未能有效保障清洁能源上网
SY-SE-07			• 未能有效防范新能源上网对电网的冲击
JX-SE-01	电网检修	日常巡查	• 未及时消除电力设施自身安全隐患
JX-SE-01-01			• ——未能及时处理电线裸露
JX-SE-01-02			• ——未能及时处理电力设施安全距离超标
JX-SE-01-03			• ——未能及时修补缺失的电缆井盖
JX-SE-01-04			• ——未能及时修补缺失的安全警示标志
JX-SE-01-05			• ——未能及时处理电力设施上的鸟巢、漂浮物等安全隐患
JX-SE-02			• 未能及时阻止电力设施周边的不安全行为
JX-SE-02-01			• ——未能及时阻止电力设施周边的违章作业
JX-SE-02-02			• ——未能及时阻止高压线路下的钓鱼行为

续表

编号	一级分类	二级分类	风险描述
JX-SE-02-03	电网检修	日常巡查	●　——未能及时阻止高压线路下放风筝、孔明灯和玩飞行器等行为
JX-SE-02-04			●　——未能及时阻止非工作人员攀爬电杆的行为
JX-SE-03			●　未能及时阻止电力设施周边的违章建筑、设施
JX-SE-03-01			●　——未能及时阻止电力设施附近加盖房屋的行为
JX-SE-03-02			●　——未能及时有效修剪电力设施周边超高树林
JX-SE-03-03			●　——未能及时有效处理三线搭挂问题
JX-SE-04		线路检修	●　停电检修信息告知不及时不全面
JX-SE-05			●　停电检修次数过于频繁
JX-SE-06			●　检修中的安全管理不合规
JX-SE-07		故障抢修	●　故障抢修不及时
JX-SE-08			●　故障抢修中的安全管理不合规
JX-SE-09			●　故障抢修造成对其他公共设施的破坏
JX-SE-10			●　突发事件应急支援不到位
YX-SE-01	电力营销	业扩报装	●　业扩报装中发生员工"吃拿卡要"等廉政问题
YX-SE-02			●　业扩报装时效性低影响用户生产
YX-SE-03			●　业扩报装程序复杂降低用户办电体验
YX-SE-04		电费收交	●　抄表计费不准
YX-SE-05			●　回收的电费处置不合规
YX-SE-05-01			●　——未按照法定程序进行欠费停电
YX-SE-05-02			●　——垫付电费
YX-SE-06			●　电价政策调整
YX-SE-07		电能替代	●　电能替代技术不成熟
YX-SE-08			●　电能替代项目经济成本不合算
YX-SE-09		电动汽车	●　电动汽车充电设施建设速度满足不了产业发展需求
YX-SE-10			●　电动汽车充电设施布局不合理
YX-SE-11		用电服务	●　用户安全用电服务工作不到位
YX-SE-12			●　弱势群体用电服务不到位
YX-SE-13			●　配合政府停限电操作不合规
YX-SE-14			●　处理违章用电、窃电工作不合规
YX-SE-15			●　表后服务责任缺失

续表

WZ-SE-01		物资采购	• 大型设备采购环节质量把控不严
WZ-SE-02			• 采购过程未遵循三公原则
WZ-SE-03		物资回收	• 物资回收处置不当
WZ-SE-03-01			• ——危险固废处置不当
WZ-SE-03-02	**物资管理**		• ——废旧电杆回收处置不当
WZ-SE-03-03			• ——废旧电表回收处置不当
WZ-SE-03-04			• ——六氟化硫回收不当
WZ-SE-04		供应商管理	• 供应商发生社会责任危机事件
WZ-SE-04-01			• ——供应商发生重大环境污染
WZ-SE-04-02			• ——供应商发生重大腐败事件
WZ-SE-04-03			• ——供应商发生重大劳工纠纷
RZ-SE-01		招聘解聘	• 招聘过程不透明
RZ-SE-02			• 员工入职管理风险
RZ-SE-03			• 员工劳动关系处理不当
RZ-SE-04	**人力资源**	薪酬福利	• 员工保险漏保
RZ-SE-05			• 同工不同酬
RZ-SE-06		安全健康	• 员工工伤申请不畅
RZ-SE-07			• 员工心理健康风险
RZ-SE-08			• 劳保用品不能满足新业务要求
CW-SE-01	**财务管理**	报税	• 偷税漏税
CW-SE-02		支付	• 拖欠账款
ZH-SE-01		外联	• 信息披露不当
ZH-SE-02	**综合保障**		• 社会沟通不当
ZH-SE-03		通信	• 信息系统被黑客攻击
ZH-SE-04			• 企业信息泄密
ZH-SE-05			• 客户信息泄露

供电企业社会与环境风险调查模板

部门名称						
业务范围						
风险点排查	风险发生条件	风险影响对象	风险产生后果	风险历史数据		风险管理现状
				发生频次	造成的损失	

供电企业社会与环境风险评估标准

风险发生概率评估标准

等级	分值	概率	判断依据
高	10	90%~100%	• 企业每年都会发生数起以上类似风险，风险发生可能性非常高，缺乏有效的防控措施，严重影响企业日常经营
	9	80%~90%	
	8	70%~80%	• 企业几乎每年都会发生类似风险；从风险发生条件来看，发生的可能性很高，且缺乏有效的防控措施
	7	60%~70%	
中	6	50%~60%	• 近十年内发生过数起类似风险，国家电网系统每年有类似风险发生；风险发生可能性中等，但基本处于可控状态
	5	35%~50%	
	4	20%~35%	
低	3	10%~20%	• 近十年内企业发生过 1 次左右的风险或国家电网系统内发生过少量类似风险；从风险发生条件看，发生的可能性较低，并且有较好的防控措施防范风险发生
	2	1%~10%	
	1	低于 1%	• 近十年内企业没有发生类似风险；整个国家电网系统也基本没有发生类似风险；风险发生可能性很低；或已建立成熟完善的风险防控措施并得到有效执行

风险发生后果评估标准

等级	分值	判断依据		
		直接造成的损害	负面社会效应	对企业自身影响
严重	10	造成的经济损失在 10 亿元以上；或一次死亡 30 人以上（含）的特别重大事故	引发较大影响的群体性事件、环境污染等社会危机事件，破坏社会稳定与和谐；或上下游关联产业发展受到破产、倒闭等严重影响；影响长期间内难以消除	企业声誉及企业形象完全丧失，很难甚至无法恢复
	9	造成的经济损失在 5 亿~10 亿元之间或一次死亡 10 人以上（含）的特大事故		
	8	造成的经济损失在 1 亿~5 亿元之间或一次死亡 3 人以上（含）的重大事故	引发小规模的社会群体性事件；上下游关联产业发展受到停工、停业等较严重影响；影响会持续较长时间	对企业声誉及企业形象受到严重不良影响，要消除这种影响需要很长的时间或要付出很高的代价
	7	造成的经济损失在 1000 万~1 亿元之间或一次死亡 1 人以上（含）的事故		
较严重	6	造成的经济损失在 500 万~1000 万元之间或人员 1~4 级严重伤残，或严重职业病，全部丧失劳动能力	引发个别的投诉、上访等事件；上下游关联产业发展受到产品质量受损、短暂的停业停工等影响	企业声誉及企业形象受到一定的负面影响，但这种影响可能持续较长的时间，或较难消除
	5	造成的经济损失在 100 万~500 万元之间或人员 5~6 级伤残，或严重职业病，大部分丧失劳动能力		
	4	造成的经济损失在 50 万~100 万元之间或人员 7~10 级轻度伤残，或轻度职业病，部分丧失劳动能力		
较轻	3	造成的经济损失在 10 万~50 万元之间或对人员身心健康愉悦造成损害，但不致构成伤残	没有产生社会负面效应	企业声誉及企业形象受到暂时的负面影响，且影响程度较低
	2	造成的经济损失在 1 万~10 万元之间或对人员健康有轻度损害		
	1	造成的经济损失在 1 万元以下；对人员健康安全没有任何威胁		对企业声誉没有影响，或影响很小，可以忽略

**供电企业社
会与环境风
险评估专家
打分表**

专家姓名		
风险点	风险发生概率 （0~10分）	风险发生后果 （0~10分）

供电企业社会与环境风险树绘制工具

供电企业社会与环境风险树绘制的目的一方面是帮企业厘清风险识别的逻辑思路，更加系统、完整、深入地排查企业运营中存在的社会与环境风险点；另一方面，通过风险树绘制，将企业识别出的所有社会与环境风险点以更加直观、形象、系统的形式呈现，便于对风险的日常管理和内外部沟通。风险树绘制包括枝干绘制、枝叶绘制和全貌整合三个步骤。

风险树枝干绘制

风险树枝干是对企业业务流程的形象化呈现。社会与环境风险主要来自于企业日常运营的各个流程环节。因此，在识别风险点之前，首先要捋清产生这些风险的源头在哪里，以及他们之间的关联性。

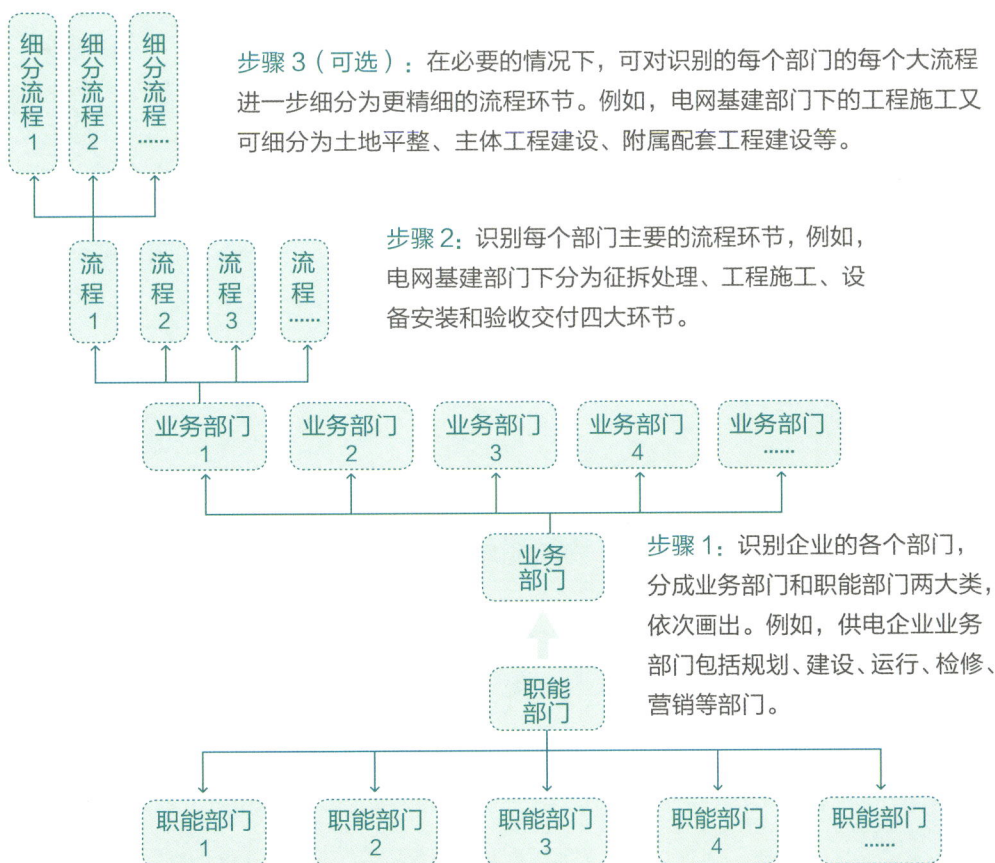

步骤3（可选）：在必要的情况下，可对识别的每个部门的每个大流程进一步细分为更精细的流程环节。例如，电网基建部门下的工程施工又可细分为土地平整、主体工程建设、附属配套工程建设等。

步骤2：识别每个部门主要的流程环节，例如，电网基建部门下分为征拆处理、工程施工、设备安装和验收交付四大环节。

步骤1：识别企业的各个部门，分成业务部门和职能部门两大类，依次画出。例如，供电企业业务部门包括规划、建设、运行、检修、营销等部门。

风险树枝叶绘制

风险树枝叶展示的是从企业的每个详细的业务流程节点挖掘出具体的风险点的思考过程。

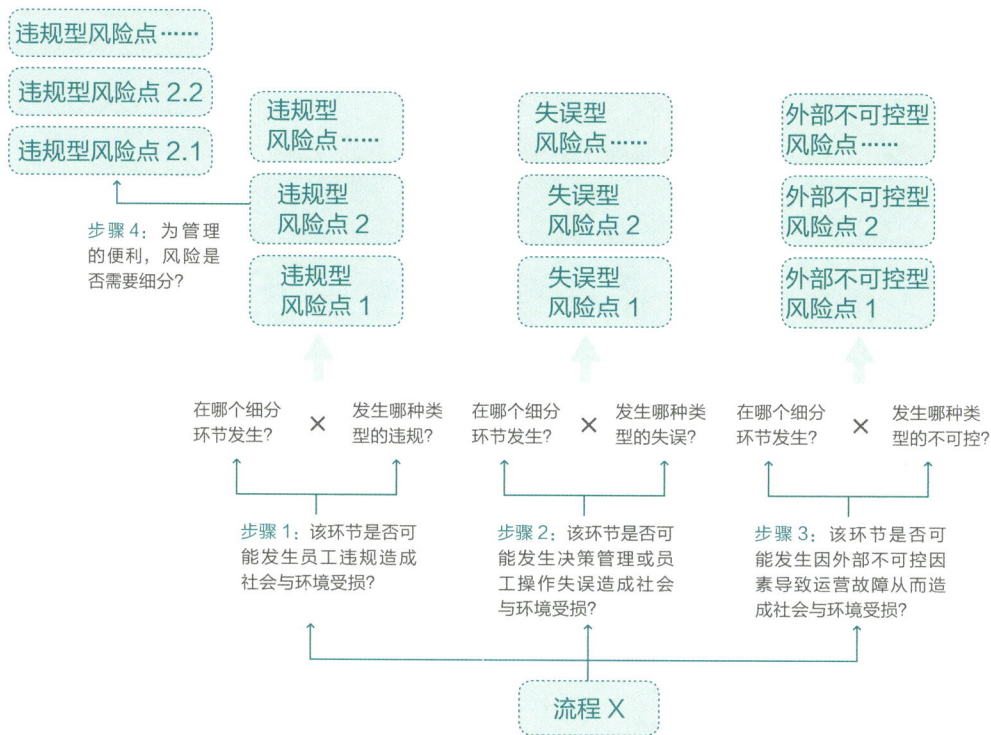

风险树全貌整合

在完成风险树枝干与枝叶的绘制之后，可以将其整合到一张大图中，展现企业社会与环境风险的风险源头与风险点全貌。风险树全貌展示的详尽程度可根据识别的流程节点的层级、风险点数量、风险层级以及可以展示的页面的大小而定（供电公司社会与环境风险树见本书48页）。有条件的企业，可考虑将风险树电子化，将风险点调查、分析、评估的结果整合到风险树中，变成一个可随时查看、调取和管理的风险管理信息平台。

供电企业社会与环境风险坐标图绘制工具

供电企业社会与环境风险坐标图是用风险发生概率和风险发生后果两个维度来确立每个风险点的位置坐标，从而为制定企业风险管理的优先序和差异化策略提供决策依据。社会与环境风险坐标图绘制工具可用 Excel 表制作。

生成表格

创建一张 Excel 表格，将风险点代码、风险发生概率、风险发生后果三列数据分别填入其中。

风险点代码	风险发生概率	风险发生后果
GH-SE-01	0.9	8.2
GH-SE-02	5.5	7.5
GH-SE-03	3.7	5.6
GH-SE-04	4.0	4.8
GH-SE-05	8.1	7.8
GH-SE-06	1.2	2.5
GH-SE-07	8.5	7.2
GH-SE-08	2.7	4.1
GH-SE-09	1.8	5.5
GH-SE-10	5.2	5.8
JS-SE-01	7.6	7.8
JS-SE-02	6.3	7.9
JS-SE-03	4.5	3.8
JS-SE-04	2.2	4.5
JS-SE-05	1.5	2.8
JS-SE-06	2.2	3.2
JS-SE-07	2.8	5.6
JS-SE-08	3.3	2.7

生成坐标图

在 Excel 中选择输入的数据，插入图表（选择散点图），其中，X 轴为风险发生后果，最大值设置为 10，单位设置为 1；Y 轴为风险发生概率，最大值设置为 10，单位设置为 1；最终生成如下所示的风险坐标图。

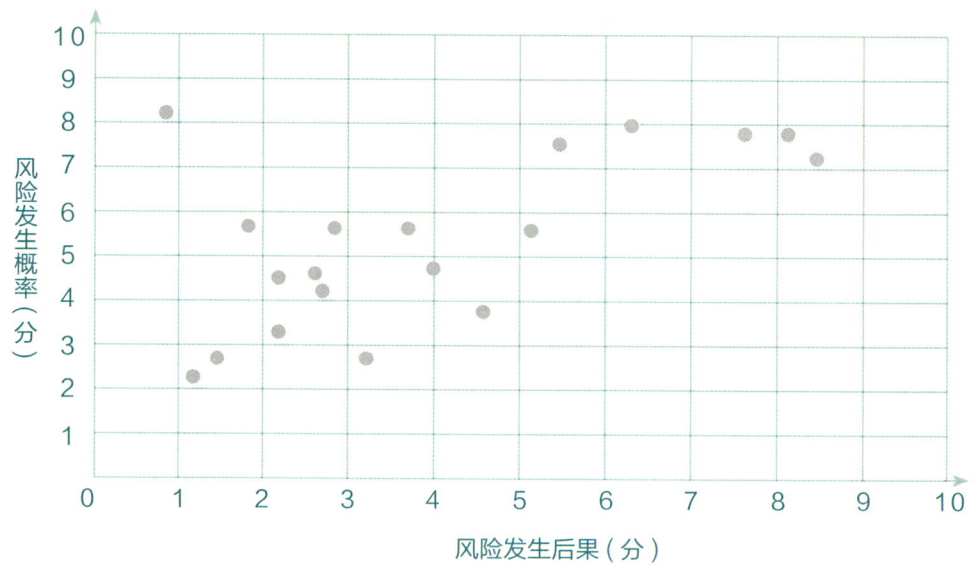

划分风险等级

根据企业对风险等级的评估标准，对风险坐标图中对应不同板块的风险点划分出重大风险、高风险、中风险和低风险四大区域，标注上不同的色块，以便于查看和管理。

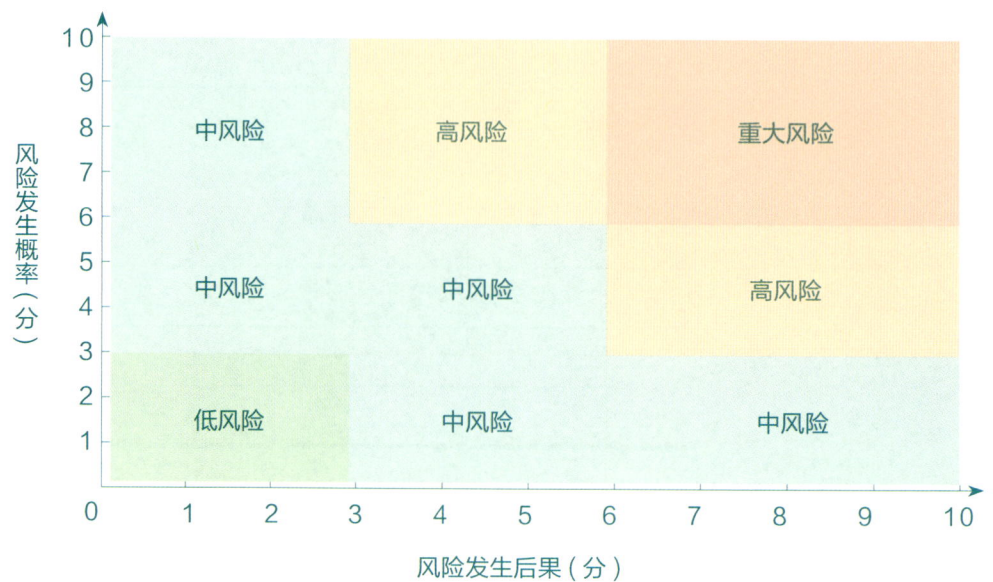

供电企业社会与环境风险监督考评表

考评部门		时间	
考评清单			**结论**
风险识别	1. 是否滚动识别风险点?		
	2. 风险点是否详尽完善?		
风险分析	3. 是否对风险点进行详细的资料收集与分析?		
	4. 是否开展定量化的风险评估?		
	5. 是否形成各部门风险等级清单?		
风险应对	6. 是否对不同的风险制定差异化的应对策略?		
	7. 是否针对高风险制定专门的管理方案?		
	8. 是否将方案落实到日常工作中?		
应对结果	9. 是否发生大的风险事件?		
	10. 是否对发生的风险作出及时、恰当的处理?		
综合评估意见			

重大决策与活动的社会与环境风险管理工具包

重大决策与活动筛选评估标准

该标准主要用于衡量在企业作出的所有决策和活动中，哪些需要开展社会与环境风险管理。通过严格的标准评估，既避免遗漏对重大决策活动事项的风险监控，也规避不必要的额外流程负担。将风险管理的精力和资源投入到最需要关注的那部分事项上。

评估维度	评估依据
影响范围	1. 会直接或间接影响到百万人以上的人口。 2. 涉及所辖范围内的所有客户或利益相关方。 3. 影响周期会跨越 10 年甚至更长时间。
变革程度	4. 需要企业投入超过经营收入 10% 以上的资金。 5. 需要企业投入一半以上的员工参与。 6. 需要对企业当前管理流程作出大范围改变。
社会关注	7. 是受广大媒体公众关注的热门公共议题。 8. 在业内受到广泛争议。
有确定的负面影响	9. 确定会对一部分群体的生产生活或者自然环境带来负面影响。 10. 受到影响的群体会采取较为激烈的应对。
蕴含不确定性	11. 本身面临能否取得成功的不确定性。 12. 外部环境动荡不稳对决策活动构成不确定性。

根据以上 12 点评估依据，满足 5 条及以上，即可判定为重大决策或重大活动，需要在开展之前进行社会与环境风险的评估，并对决策或活动提供实质性的建议。

重大决策与活动社会与环境风险调查报告模板

XXXXXX 决策（活动）社会与环境风险调查报告

一、决策或活动简介

对拟作出的决策或活动的内容进行简要的介绍。

二、调查范围

1. 人群范围调查。

2. 地理范围调查。

3. 时间范围调查。

三、调查方式

采取问卷、访谈、资料分析、历史数据推演等多种方式。

四、调查内容及分析

1. 决策或活动本身创造的综合价值。

2. 决策或活动本身存在的负面影响的程度、发生的可能性、控制的可能性。

3. 决策或活动失败可能带来的负面效应、发生的可能性、控制的可能性。

五、调查结论

根据调查内容及分析，作出最终的调查结论供决策参考。

附件：调查表

　　　调查记录

重大决策与活动社会与环境风险评估决策表

决策或活动名称	
归口单位	
综合价值评估结果	社会与环境风险评估结果

综合评估意见

重大决策与活动社会与环境风险管理监督考评表

考评部门		时间	
决策或活动		时间	
开展进展			

考评清单	结论
1. 是否详细识别决策或活动中的风险点?	
2. 是否针对风险点制定详细的管理措施?	
3. 是否安排专门的人员负责风险管理?	
4. 是否将管理措施在决策活动中——落实?	
4.1 风险管理措施 1	
4.2 风险管理措施 2	
……	
5. 进展过程中是否发生大的风险事件?	
6. 是否对发生的风险作出及时、恰当的处理?	
综合评估意见	

供电企业重大决策与活动社会与环境风险分析示例

决策或活动	利益相关方	可能产生的综合价值	可能产生的社会与环境风险	综合决策结果
推行全球能源互联网战略	• 政府 • 环境 • 全球社区	• 降低碳排放 • 服务"一带一路"等国家战略发展 • 促进我国能源电力领域标准国际化 • 全面提高我国电力工业综合实力和国际竞争力	• "中国威胁论" • 受到部分社区居民的抵制	• 推行，但在推行过程中做好与海外社区的沟通。
推行电能替代战略	• 需要改变原有生活方式的居民和企业 • 政府 • 环境 • 环保部门	• 降低大气污染和温室气体排放 • 改善环境质量 • 调整能源结构，推动清洁能源发展 • 提高能源效率和经济性，减少能源浪费 • 提高居民健康安全水平	• 电能替代可能会增加生活成本（电取暖替代燃煤取暖），或让居民感到生活不便（充电桩布设并不充分）等 • 电能需求超过预期，不能满足用电需求 • 可再生能源的补贴政策就没有达到预期效果 上述情况均可能引起社会负面情绪，激发社会矛盾	• 推行，但在推行过程中不断提升技术，争取更多的政策支持
推行海外运营战略	• 海外当地政府 • 海外社区 • 海外用户	• 积极参与国际标准制定，提升我国在国际电力领域的话语权 • 服务"一带一路"建设扩大我国在全球的影响力	• 得不到海外政府的支持，项目推进困难 • 对海外运营所在社区和用户产生负面影响，引起当地负面情绪，形成大规模抗议等	• 推行，但在推行的过程中对当地的法律政策、经营环境做好深入了解
建设青藏联网工程	• 政府 • 当地居民 • 青藏地区生态环境	• 贯彻落实国家"援藏援疆"战略 • 解决西藏缺电问题 • 提升西部地区能源优化配置水平	• 在高海拔、冻土带等特殊地区建设输电线路可能会对当地生态产生不可逆的破坏 • 高寒气候容易对施工人员带来人身伤害 • 达不到需要的技术要求，影响施工质量和进度	• 推行，但在推行过程中做好政府沟通，加强多方合作坚持绿色施工、以人为本

决策或活动	利益相关方	可能产生的综合价值	可能产生的社会与环境风险	综合决策结果
建设户户通电工程	• 各级政府 • 村委会 • 农村居民 • 乡镇企业	• 促进了边远地区农牧民生活条件改善和经济社会发展 • 清洁电力取代柴、煤、油等传统能源，减少了污染排放，保护了农牧区自然资源和生态环境	• "户户通电"过程中可能会面临与当地居民沟通协调线路架设、居民搬迁的问题，如不能妥善解决有可能引起当地居民负面情绪，进而形成社会负面舆论 • 因无电地区多为边远地区，施工成本较高	• 推行，做好当地居民沟通维稳工作 • 结合户户通电工程，做好精准扶贫工作
重大活动保供电	• 当地政府 • 重大活动举办单位 • 客户 • 运营所在社区	• 保障重大活动顺利进行，彰显活动的社会价值、维护活动主办者的社会形象	• 业务失误，有可能影响重大活动进行，影响企业与当地政府、重大活动举办单位的关系 • 影响客户和运营所在社区的正常生产活动 • 负面消息传播，对企业声誉造成损害	• 充分做好重大活动保供电的各项风险管理
编制计划停电方案	• 受停电影响的客户（个人及单位） • 周边居民	• 对存在的问题或隐患及时处理，以确保它们继续安全稳定运行 • 解决部分区域电网设备线路过载、低电压而进行的电网升级改造，使电网设备"永葆青春"	• 影响周边居民正常生活 • 如计划停电未能按时恢复，有可能产生负面消息传播，对企业声誉造成损害	• 推行，透明公开停电计划方案，做好客户解释工作，按计划完成检修工作
推行负责任采购	• 各级政府 • 供应商 • 全社会	• 对供应商加强管理和培训，提升供应商履责能力 • 对供应链内劳动或健康安全标准进行要求，保障相应人员健康安全 • 提高供应商环境管理能力，促进全社会环保提升	• 如供应链上产生舆情、声誉风险，很容易波及采购的企业 • 供应商如发现供电企业在采购中存在不公平、公开情况，可能会诉诸法律或者向社会公开，对企业正常运营产生不利影响	• 推行，做好供应商管理，并做到公开、公平、公正采购

图书在版编目（CIP）数据

社会与环境风险管理手册 / 国家电网有限公司编 . —— 北京 ：
中国电力出版社， 2018.6
（供电企业社会责任管理工具丛书）
ISBN 978-7-5198-2162-3

Ⅰ . ①社… Ⅱ . ①国… Ⅲ . ①供电－工业企业－安全生产－
风险管理－中国－手册 Ⅳ . ① TM72-62

中国版本图书馆 CIP 数据核字（2018）第 127182 号

出版发行：中国电力出版社
地　　址：北京市东城区北京站西街 19 号（邮政编码 100005）
网　　址：http://www.cepp.sgcc.com.cn
责任编辑：杨敏群（010-63412531）
责任校对：闫秀英
装帧设计：绍兴智胜设计策划顾问有限公司
责任印制：蔺义舟

印　　刷：北京瑞禾彩色印刷有限公司
版　　次：2018 年 6 月第一版
印　　次：2018 年 6 月北京第一次印刷
开　　本：889 毫米 ×1194 毫米　16 开本
印　　张：7 印张
字　　数：211 千字
定　　价：55.00 元
